THÉATRE DE LA GAITE

RIP

OPÉRA-COMIQUE EN QUATRE ACTES

ET SEPT TABLEAUX

DE

H. MEILHAC, PH. GILLE ET H. FARNIE

MUSIQUE DE

R. PLANQUETTE

PRIX : 2 FRANCS NET

PARIS
CHOUDENS FILS, ÉDITEUR
30, BOULEVARD DES CAPUCINES, 30

1894

RIP

OPÉRA-COMIQUE EN QUATRE ACTES

RIP

OPÉRA-COMIQUE EN QUATRE ACTES

ET SEPT TABLEAUX

DE

H. MEILHAC, PH. GILLE ET H. FARNIE

MUSIQUE DE

R. PLANQUETTE

PARIS
CHOUDENS FILS, ÉDITEUR
30, BOULEVARD DES CAPUCINES, 30

1894

PERSONNAGES

Première représentation au théâtre de la Gaîté
le 18 octobre 1894.

Direction Debruyère.

PERSONNAGES DES 1er ET 2e ACTES

RIP..................	MM. SOULACROIX.
NICK VEDDER........	DEKERNEL.
ISCHABOD............	P. FUGÈRE.
DERRICK.............	MAUZIN.
PICKLY...............	BERNARD.
Le capitaine HUDSON...	NIVETTE.
1er LIEUTENANT......	
NELLY...............	Mmes BERNAERT.
KATE................	SULLY.
JACINTHE............	RENÉE MARCELLE.
JACK.................	Le petit FERNAND RAQUET.
LOWENA.............	La petite SUZANNE COLIN.

PERSONNAGES DU 3e ACTE

RIP..................	MM. SOULACROIX.
DERRICK.............	MAUZIN.
ISCHABOD............	P. FUGÈRE.
JEAN NICK fils........	DEKERNEL.
JACK.................	L. NOEL.
NELLY } LOWENA }............	Mmes BERNAERT.
KATE.................	SULLY.
JACINTHE............	RENÉE MARCELLE.

VILLAGEOIS ET VILLAGEOISES, SOLDATS ANGLAIS, GRENADIERS DE GEORGES III, UN GROUPE DE FANTOMES, LIEUTENANTS DU CAPITAINE HUDSON

Au 1er acte en 1763. — Au 3e acte en 1783. — Dernier tableau 1763.

RIP

ACTE PREMIER

PREMIER TABLEAU

L'action se passe en 1763, en Amérique, à Kaatskill, petit village au bord de l'Hudson, au bas des montagnes qui en sont séparées par une rivière. Place de village primitif. A droite, la maison du bourgmestre. A gauche, une taverne au-dessus de laquelle est accrochée une enseigne représentant le capitaine Hudson, en costume hollandais. Quelques maisonnettes de modeste apparence conduisent à l'entrée de la forêt. Au fond, un pont de bois praticable traversant la rivière. Une petite église au 3e plan à gauche. Un puits à droite, 2e plan.

SCÈNE PREMIÈRE

DERRICK, ISCHABOD, NICK, LA FOULE

TOUS, parlé.

Vive Georges trois !

CHŒUR

Vive le meilleur des rois !
Vive à jamais Georges trois !

De là-bas, de tout là-bas,
Du fin fond de l'Angleterre,
Vers nous tous il tend ses bras.
Ce n'est pas un roi, c'est un père !
Vive le meilleur des rois !
Vive à jamais Georges trois
Roi d'Angleterre.

DERRICK

Où donc est Rip ? Il vagabonde
Sans même au plus grand roi du monde
Porter ses vœux.

TOUS

C'est vrai !

DERRICK

Savez-vous ce qu'il fait ?

TOUS

Mais non !

DERRICK

Je lui ferai payer un tel forfait !

REPRISE DE L'ENSEMBLE

Vive à jamais Georges trois !
Etc.

SCÈNE II

LES MÊMES, JACINTHE

DERRICK

Je punirai ce misérable Rip !

JACINTHE

Hélas !
Ne le punissez pas,
Ayez pour lui de l'indulgence
Et pardonnez à son absence !

DERRICK

Non! magistrat, moi je veux être
Le plus fidèle appui du roi,
Et quand on outrage mon maître,
J'applique sans pitié la loi.

JACINTHE

Soyez bon,
Le pardon
Est votre apanage,
Dans vos yeux
Plus joyeux,
J'en lis le présage!

Il faiblit,
Il sourit,
Son cœur devient tendre,
Contre nous
Son courroux
Ne peut le défendre.

DERRICK

Non! non! non!

JACINTHE

Si, si, monsieur, vous êtes bon!

DERRICK

Non! non! non!

JACINTHE

Si, si, monsieur, vous êtes bon!

DERRICK

Non! non! non!

JACINTHE

Ah ! laissez-moi vous désarmer,
Laissez-moi vous calmer !

DERRICK

Non ! non ! non !

JACINTHE

Si vous êtes inhumain,
Je parlerai jusqu'à demain.

CHŒUR

Soyez bon,
Le pardon,
Etc.

On entend un appel de clairon.

TOUS

Qu'est-ce que c'est que ça ?...

DERRICK

Ce sont les grenadiers qui descendent de la montagne. Ils viennent pour surveiller notre enthousiasme et ce n'est pas ce qui nous empêchera d'en avoir !... (*Criant.*) Vive Georges III !

REPRISE DU CHŒUR

Vive à jamais Georges trois !
Etc.

TOUS

Vive Georges trois !

A la fin du chœur, on entend le son d'une clarinette dans l'auberge de Nick.

DERRICK

Quelle est cette musique ?

JACINTHE

C'est M. Nick Wedder qui donne sa leçon de clarinette à son fils.

Rires.

NICK, *sortant de l'auberge.*

Eh bien !... qu'est-ce que vous avez à rire ? Je voudrais bien savoir qui s'est permis...

SCÈNE III

LES MÊMES, NICK, KATE

PREMIER BUVEUR

Qu'est-ce que tu dis ? mauvais débitant de liquides !

NICK

Je dis que s'il me plaît de donner des leçons de clarinette à mon fils Jack, qui d'ailleurs ne fait aucun progrès (*Rires.*) je puis aussi flanquer à la porte ceux qui se permettent de se moquer de mon instrument.

DEUXIÈME BUVEUR

Nous mettre à la porte ! Tu vas nous payer ce mot-là.

PREMIER BUVEUR

Ah !

Au moment où il menace Nick, Kate qui vient d'entrer s'élance et l'envoie rouler à dix pas. Ischabod est entré derrière Kate.

TOUS

Ah !

KATE

Essayez encore de toucher un peu à papa... Essayez !

Elle reste en attitude de boxeur.

NICK

Essayez un peu !

ISCHABOD

Elle est renversante !

NICK

Mesdames et messieurs, je vous présente ma fille, élevée dans un des plus grands boardingsdchools de la capitale...

ISCHABOD

Comme je l'aime !

NICK

Où je l'avais mise pour lui faire faire son éducation.

KATE, *les yeux baissés, timide.*

Mesdames et messieurs, je vous demande pardon de m'être départie un instant de la modestie qui convient à une jeune fille... mais je ne veux pas qu'on embête papa.

DERRICK

Ces sentiments sont trop louables pour que l'autorité ne se fasse pas un plaisir de les approuver. Revenons maintenant à la cérémonie et permettez-moi, en ma qualité de bourgmestre et de premier magistrat, de terminer cette importante solennité par quelques paroles. Qu'est-ce que vous diriez, si ce roi que vous venez de célébrer apparaissait tout à coup au milieu de vous?

JACINTHE

Pas possible!

NICK, à part.

Sapristi! J'oubliais.

Il entre dans la taverne.

DERRICK

Je continue... ce bon roi que nous venons de chanter... il va venir...

TOUS

Hurrah!

DERRICK

En peinture, du moins.

TOUS

Ah!

DERRICK

Je veux dire que vous pourrez contempler son portrait. Cette taverne, que l'on appelait ce matin encore la taverne du capitaine hollandais, aura désormais l'honneur d'être appelée la taverne du roi Georges... Nick, enlevez la vieille enseigne et hissez la nouvelle.

TOUS

Hurrah! hurrah! hurrah!

On hisse l'enseigne du roi Georges, Nick est revenu avec sa clarinette et il essaie d'en jouer.

DERRICK

Qu'est-ce que vous faites-là, Nick Wedder ?

Rires.

NICK

Je pensais qu'un peu de musique...

Il continue à souffler.

DERRICK

L'idée n'est pas mauvaise, mais pourquoi ne jouez-vous pas ?

NICK

Je ne sais pas ce qu'il y a dans ma clarinette... (*Il souffle, puis regarde.*) Une lettre... une lettre d'amour adressée par Ischabod à ma fille... Qu'est-ce que c'est que ça ? un poulet dans ma clarinette !... passe encore pour un canard.

KATE, *baissant les yeux.*

Croyez bien, mon père, que je n'ai pas autorisé...

ISCHABOD, *mettant un gant.*

Mes intentions sont pures, monsieur Nick Wedder...

Rires.

NICK

Elles n'en sont que plus répréhensibles, puisque vous n'avez pas le sou.

ISCHABOD

Monsieur Nick Wedder, je vous demande sa main. Je viens d'être reçu médecin, vous le savez, j'ai de l'avenir...

NICK

C'est bon, nous reparlerons de cela plus tard. Et vous, fille volage, vous, mademoiselle, faites-moi le plaisir de rentrer.

DERRICK, *montrant l'enseigne.*

En voilà assez. Reprenons cette intéressante cérémonie... Regardez-moi ça ! Est-il possible d'avoir une meilleure figure ? Regardez, regardez, la vue n'en coûte rien. Il a été décidé que nous célébrerions la fête pendant deux jours. Aujourd'hui l'enthousiasme suffira. Demain, il y aura des divertissements variés : danses de jeunes filles dans la forêt, grenadiers passés en revue, courses en sacs, etc., etc. Dans la forêt vous m'avez entendu, n'est-ce pas, vous m'avez compris...

TOUS

Oui ! oui !

DERRICK

Maintenant que vous m'avez compris, faites-moi l'amitié de vous répandre dans la ville. Vous direz aux habitants qu'il faut pavoiser, orner et illuminer spontanément leurs maisons, et vous n'oublierez pas de casser les vitres de ceux qui paraîtraient manquer de bonne volonté... Allez, mes amis, allez ! mais avant de partir, je vous le demanderai encore une fois, ce cri d'amour et de fidélité :

Vive Georges trois !

REPRISE DU CHŒUR

Vive à jamais Georges trois !
Etc.

Sortie. — Rip est entré depuis un instant et a entendu la deuxième phrase. Quelques buveurs sont restés assis.

TOUS

Vive Georges trois !

SCÈNE IV

LES MÊMES, RIP

RIP

Très bien, monsieur le bourgmestre ! Très bien !

NICK

Tiens, c'est Rip !

TOUS

Bonjour Rip !

DERRICK

Qu'est-ce que c'est ?

RIP

C'est moi, je vous écoutais... C'est très gentil ce que vous venez de nous débiter là...

DERRICK, *indigné.*

Je l'aurais parié... Si quelqu'un pouvait rire de mes paroles, ce ne pouvait être que Rip, ce vaurien, ce fainéant, cet ennemi du roi.

NICK

Quant à cela, je réponds du contraire. La preuve, c'est que Rip ne refusera pas de boire un coup à la santé de Sa Majesté !...

RIP

Boire... Oh ! non !... J'ai promis à ma chère petite femme, à ma chère Nelly, de ne plus jamais...

NICK

Allons donc !...

RIP

Non, vraiment !

NICK

Si j'insistais ?...

RIP

Farceur ! (Bas.) Et c'est pour boire à la santé de la petite Jacinthe, ta servante...

NICK

Mais veux-tu te taire !... (A part.) Est-ce qu'il se douterait ?...

RIP, tendant son verre.

Allons, j'accepte ! mais pour cette fois seulement, n'est-ce pas ! c'est bien entendu... pour cette fois seulement.

NICK

Bravo ! Et je profiterai de l'occasion pour te montrer quelque chose qui t'intéresse... (Il ouvre un volet derrière lequel on voit une énorme quantité de marques à la craie.) Sais-tu ce que c'est que ça ?...

RIP

Parfaitement ! C'est mon compte.

Il boit.

NICK

Il est gentil, pas vrai ?...

Il boit.

RIP

Tout le monde n'en a pas un si beau ! Et cela prouve deux choses : C'est que j'ai eu soif et que tu as eu confiance. Allons, Nick, ajoute deux marques, l'une pour toi, l'autre pour moi, et buvons...

NICK

Attends d'abord que je fasse deux marques. (Il en fait quatre.) A la santé du roi Georges !

RIP

Très volontiers...

TOUS

A sa santé !...

RIP

Je ne lui veux aucun mal, à ce bon roi Georges... Je l'aime comme il m'aime, et je me soucie autant de lui qu'il se soucie de moi !... Ah ! par exemple, la seule chose que je lui reproche, c'est de vouloir un peu trop nous faire travailler à son profit !...

Rires.

DERRICK, se tordant de rire.

Travailler !... Rip parle de travailler.

RIP

Eh bien, quoi ?

NICK

Le fait est, l'ami, que tu as eu là une phrase malheureuse !...

RIP

Pourquoi ça ?...

NICK

Parce que chacun sait que le travail et toi...

RIP

Parce que je suis un peu paresseux!...

NICK

Il appelle ça un peu...

RIP

Eh bien! oui, j'en conviens... Vous savez mon refrain?...

COUPLETS

I

Vive la paresse!
Voilà ma maîtresse,
Je vais la servant,
En la suivant
Le nez au vent!
J'aime la montagne,
Les prés, la campagne,
Je chante les bois
A pleine voix!
J'aime le tonnerre,
Les cieux et la terre;
Mais il est un bien
Qu'à tout je préfère :
C'est un rien... un soufle... un rien!...
Une boucle d'or sous le vent légere,
C'est un rien,
Un souffle, un rien,
Une blanche main qu'on a dans sa main!

NICK, parlé.

Oui! Mais où cela peut-il mener, la paresse?

RIP

II

Oui, dans la paresse
Est toute sagesse !
Par elle les gens
Sont indulgents,
Intelligents !
Sous le vert feuillage,
Sous le frais ombrage,
Pur de tout remords,
Moi, je m'endors !
J'aime tout le monde
D'amitié profonde ;
Mais il est un bien
Qu'à tout je préfère :
C'est un rien, un souffle, un rien,
Une boucle d'or sous le vent légère !
C'est un rien,
Un souffle, un rien !
Une blanche main qu'on a dans sa main !

DERRICK

Et voilà pourquoi, au lieu de faire valoir sa terre et de se donner du mal, Rip se contente de s'en aller, le fusil sur l'épaule, faire un tour dans la montagne.

RIP

Chasseur ! C'est un métier comme un autre.

NICK

Même quand on ne rapporte jamais de gibier.

RIP

Me faites-vous un crime d'être maladroit ?...

DERRICK

Plaise à Dieu, que ces perpétuelles promenades dans la montagne ne cachent pas quelque secret !

RIP

Hein ?... Que voulez-vous dire ?...

DERRICK

Je veux dire que lorsque les conspirateurs ont envie de se réunir, ils choisissent volontiers des endroits inaccessibles !

RIP, riant.

Les conspirateurs !

DERRICK

Oui, les conspirateurs !

RIP, à part.

Il m'a fait peur ! J'ai cru qu'il connaissait mon secret... (Haut.) Je vous assure, monsieur le bourgmestre, que je ne cherche pas à conspirer... Brrr !... J'ai trop peur d'être empoigné par un de ces magnifiques grenadiers anglais.

JACINTHE

Ah ! vous savez, ne dites pas du mal des grenadiers anglais, c'est des beaux hommes, et l'on peut m'en croire, car je m'y connais.

KATE, baissant les yeux.

Jacinthe !

JACINTHE, avec feu.

Les beaux hommes... n'y a que ça !

KATE

Je ne dis pas le contraire, mais tu oublies à chaque instant qu'il y a des choses que je ne dois pas entendre.

ISCHABOD

Comme je l'aime.

JACINTHE

C'est bon, l'on se tiendra.

NICK à Jacinthe, en se redressant.

Elle a raison, cette enfant! Et puis, il me semble que pour être bel homme, il n'est pas nécessaire d'être grenadier anglais.

JACINTHE

Oh! que non! ce n'est pas nécessaire. (A part.) Je ne sais pas si c'est parce qu'il est veuf, mais il vous a des façons de parler à une femme!

RIP

Je ne dis pas que les grenadiers anglais ne soient pas de beaux hommes...

JACINTHE

A la bonne heure.

NICK, voyant Ischabod et Kate ensemble.

Comment, encore ensemble!...

ISCHABOD, mettant un gant.

Nos intentions sont pures.

KATE

Je n'ai pas autorisé...

NICK

Rentrez, mademoiselle !... (Kate rentre, à Ischabod.) Et vous?...

ISCHABOD

Moi, je vais chercher des malades.

Il sort en criant : « Malades ! avez-vous des malades ! »

SCÈNE V

RIP, DERRICK

DERRICK

Ça te laisse froid, notre enthousiasme ?

RIP, qui est retourné à la table.

Froid ! non... mettons tiède.

DERRICK

Mauvais esprit !... On ne m'ôtera pas de la tête que tu es animé du plus mauvais esprit.

RIP, riant.

On ne m'ôtera pas de la tête que vous seriez moins méchant avec moi si une certaine jolie fille, nommée Nelly, ne m'avait pas épousé... (Mouvement de Derrick.) Si une certaine jolie fille, nommée Nelly, n'avait pas eu le mauvais goût de me préférer à un certain bourgmestre de ma connaissance.

DERRICK, *avec une fausse bonhomie.*

Eh bien, oui, je l'avoue, j'étais veuf et j'adorais Nelly. Je lui offrais de l'épouser, elle refusa : elle aima mieux se marier avec toi, mon bon Rip... Alors moi, je me suis promis qu'un jour ou l'autre tu me le payerais, mon bon Rip.

Fausse sortie.

RIP

Fi !... Comme c'est vilain, la rancune.

DERRICK, *revenant, d'un accent gouailleur.*

Et je crois que nous n'en sommes pas loin de ce jour-là, mon bon Rip. Ne t'ennuie pas en m'attendant, tu ne tarderas pas à me revoir, mon bon Rip !

Il sort.

SCÈNE VI

RIP, *puis* ISCHABOD

RIP

Je sais ce que vous voulez dire, monsieur le bourgmestre, mais je n'ai pas peur de vous.

Entre Ischabod.

ISCHABOD, *désappointé,*

Ça y est ! je n'ai pas trouvé de malades.

RIP

Vous n'avez pas été longtemps.

ISCHABOD

Ils ont tous la rage de se porter bien ici !.. vous n'avez rien, vous ?

RIP

Attendez donc...

ISCHABOD, avec joie.

Vous avez quelque chose ?

RIP

Quelquefois, le soir, il m'arrive de m'endormir. Ça n'est pas grave, au moins ?

ISCHABOD

Non ! mais ça peut le devenir. Continuez...

RIP

Et alors, je fais des rêves... des rêves extravagants, des rêves qui m'ont l'air de durer des mois, des années...

ISCHABOD

Et vous voulez que je vous soigne ?

RIP

Moi ? pas du tout... Je vous raconte ça en passant,... mais je n'ai pas la moindre envie de me faire soigner.

ISCHABOD

Ah ! je vais tâcher alors de retrouver Kate... heureusement encore que je suis amoureux, si je n'étais pas amoureux, je n'aurais rien à faire positivement, je ne saurais à quoi employer ma journée... Votre serviteur, monsieur Rip.

Il sort.

RIP

Au revoir, mon garçon... Moi aussi, je suis amoureux,... amoureux de Nelly,... ma gentille petite femme... Eh mais ! la voilà justement qui vient. Et elle n'a pas l'air de bonne humeur, ma gentille petite femme.

Il se cache.

SCÈNE VII

NELLY, puis RIP

NELLY, *entrant et feignant de ne pas voir Rip.*

Il est là !... Ah ! Mon cher mari, si vous vous figurez que je ne vous ai pas vu... Cachez-vous bien, cela ne vous empêchera pas de recevoir votre leçon...

RIP

Elle parle toute seule... Écoutons.

NELLY

COUPLETS

I

Quel chagrin, hélas ! dans ma vie,
Et que mon sort est malheureux,
Je ne me sais pas une amie,
Qui n'ait un mari merveilleux !
Tous amoureux tendres, fidèles
Empressés, galants et soumis,
Tous enfin, des époux modèles.
On les citait dans le pays.
Un seul, que je suis misérable,
Parmi tant d'excellents maris,
Un seul ne valait pas le diable.
C'est moi qui l'ai,
Ce n'est pas gai !

RIP

Je crois que j'aurais mieux fait de me montrer.

Nelly même jeu.

NELLY

II

J'en connais qui, près de leur femme,
Restent toujours à la maison ;
Qui sont toujours tout feu tout flamme
Et bouillants en toute saison.
Pas de soif, pas de fantaisie.
Jamais de fureur, ni de cris :
Parfois un peu de jalousie
Ce qui pour nous a bien son prix !
Un seul était insupportable
Parmi tant d'excellents maris,
Un seul ne valait pas le diable.
C'est moi qui l'ai,
Ce n'est pas gai !

RIP

Voyons Nelly, pardonne-moi.

NELLY

Tiens ! Tu étais là ?

RIP, *souriant.*

Et tu le savais bien.

NELLY

Mais non.

RIP

Ose un peu dire que tu ne le savais pas.

NELLY

Mais non.

RIP

Voyons, qu'est-ce qu'il y a ?

NELLY

Il y a que toutes les personnes que je rencontre me disent que j'ai eu tort de t'épouser, voilà.

RIP

Et pourquoi ? est-ce qu'on prétend que je ne t'aime pas ?

NELLY

Oh ! non... On ne dit pas cela... On sait bien que je ne le croirais pas.

RIP

Qu'est-ce que l'on dit... alors ?

NELLY

Toujours la même chose... que tu es un paresseux... que tu n'aimes pas le travail.

RIP

Ah ! dame ! j'avoue que ce n'est pas ma passion.

NELLY

Et, ce qu'il y a de révoltant, c'est que tu sais très bien travailler... quand il s'agit des autres !... Qu'un voisin dans l'embarras te demande un service, tu te mets en quatre pour le lui rendre. C'est vraiment impardonnable cela !

RIP

Impardonnable ?

NELLY

Oui, monsieur, impardonnable !... Il me semble que si j'avais une petite femme, je voudrais travailler pour devenir riche, bien riche... afin que ma petite femme pût avoir ce dont elle aurait envie.

RIP

Oh ! oh ! nous avons de l'ambition ?

NELLY

J'en aurais bien le droit quand ce ne serait que pour notre fille ! notre petite Lowena... Est-ce un crime que de souhaiter que plus tard elle ait une jolie dot ?

RIP, *souriant.*

Non certes, ce n'est pas un crime.

NELLY

Il faut me prendre comme je suis. Il me passe par la tête des idées de richesse.

RIP

Qu'à cela ne tienne, mon amour ; vous serez riche, puisque cela vous amuse, je ferai fortune.

NELLY

En allant chaque jour te promener dans la montagne ?

RIP

Et qui te dit que ce n'est pas justement dans la montagne.

NELLY

Hein?

RIP

Quoi?

NELLY

Est-ce que tu aurais trouvé le trésor?

RIP

Quel trésor?

NELLY

Tu as entendu raconter comme moi que le capitaine Heindrick Hudson, le chef des pirates hollandais qui ont fondé cette colonie, avait, il y a quelque cent ans, caché dans la montagne un trésor?

RIP

Certainement, j'ai entendu raconter... j'ai chanté comme tout le monde, la ballade que l'on a faite... Nous l'avons chantée ensemble si j'ai bonne mémoire.

NELLY

Parfaitement.

BALLADE

RIP

Aux montagnes de Kaastkill,
On voit quand la nuit est noire,
Un nain avec son baril
Qui veut vous offrir à boire.
Tralla! ha!

Et l'on entend des voix
Murmurant aux grands bois :
Viens à nous, tu verras
Les feux et les éclats
De l'or, des diamants, des perles de Golconde,
Des trésors qu'envieraient tous les rois de ce monde !

Fuyez, conjurez le sort !
Faites bien la sourde oreille.
Prenez garde, un rien réveille
Le vieux Hollandais qui dort !

La mort les a tous couchés,
Les marins, le capitaine,
Des monceaux d'or sont cachés
Dans leur funèbre domaine.
Tralla ! ah !

Fuyez ! Si de leur trésor
Vous vouliez voir la merveille,
Prenez garde, un rien réveille
Le vieux Hollandais qui dort !

NELLY

Et la fin de la légende, te la rappelles-tu ? Si un imprudent osait seulement s'approcher du trésor il était à l'instant frappé d'un sommeil léthargique...

RIP

Comment si je me le rappelle ! On disait que le fantôme du capitaine Hudson, accompagné de tous les autres, se levait de terre en disant à l'indiscret :

Ferme ta paupière,
Ferme les yeux à la lumière.
Tu dormiras pendant vingt ans !
Oublié des vivants !
Tu perdras ta jeunesse et ton rire et tes chants,
Tu dormiras pendant vingt ans !

NELLY

C'est effrayant cela.

RIP

Bah ! ce sont là des contes pour amuser les enfants.

NELLY

Mais que voulais-tu dire alors, en racontant que c'était peut-être bien dans la montagne...

RIP

Je voulais dire... (Entre Derrick.) Tu le sauras plus tard ce que je voulais dire.

SCÈNE VIII

LES MÊMES DERRICK

DERRICK, ricanant.

Me voilà, mon bon Rip ! je t'avais bien dit que tu ne tarderais pas à me revoir.

RIP

Il ne fallait pas vous presser ! J'aurais attendu.

DERRICK

Moi, je n'attendrai pas... C'est aujourd'hui, mon bon Rip, c'est aujourd'hui avant midi, que tu dois me rendre les cent dollars que je t'ai prêtés, ainsi qu'il résulte d'un billet que voici. (Il le lui montre.)

RIP

Et si je ne vous les rends pas ?

DERRICK

Je ferai vendre la terre que tu possèdes là-haut, je ferai vendre la terre et ta maison... Ça me fera une peine, vois-tu!...

RIP, *avec une fausse compassion.*

Ce pauvre monsieur Derrick! Et vous dites que c'est aujourd'hui.

DERRICK

Aujourd'hui même, avant midi.

RIP

Et il est?

DERRICK

Dix heures environ...

RIP, *riant.*

Pas une minute à perdre alors! Il n'est que temps de me mettre en chasse!

NELLY

Et que veux-tu faire?... Lors même qu'une fois, par hasard, tu apporterais du gibier... tu n'en rapporteras jamais pour cent dollars.

RIP

Bah! l'on verra... aie confiance. Ce n'est pas aujourd'hui que l'on vendra notre maison. Où donc est Lowena?

NELLY

Elle doit être en train de jouer avec Jack, le fils de M. le bourgmestre... Ils ne se quittent pas.

Elle remonte.

RIP, à Derrick.

Ils s'adorent, ces deux enfants-là; quand ils seront grands, il faudra que nous les mariions ensemble.

DERRICK, hautain.

Mon fils aura de la fortune beaucoup de fortune... et je ne lui laisserai pas épouser la fille d'un vagabond.

RIP

Bah! bah! L'on verra... En chasse! Il s'agit de gagner les cent dollars que nous devons à M. le bourgmestre. (Au moment de partir il se retourne vers Nelly.) Aie confiance! (Il l'embrasse et, voyant que cela fâche Derrick, il la rembrasse.) Au revoir, mon excellent monsieur Derrick. (Il sort par le pont.)

DERRICK, à Nelly.

Vous partez déjà?

NELLY

Mais sans doute... je n'ai rien à vous dire.

DERRICK

Je vous suis donc bien désagréable?

NELLY, riant.

Oh!... quant à cela! Oui! (Elle sort).

SCÈNE IX

DERRICK, ISCHABOD

DERRICK

O rage! o fureur! ça ne m'étonnerait pas si la colère me rendait malade.

ISCHABOD, qui a entendu ; avec joie.

Un malade ! enfin !

DERRICK

D'où sort-il, celui-là ?

ISCHABOD, voulant lui tâter le pouls.

Donnez-moi votre main... Ça ne sera rien, n'ayez pas peur.

DERRICK

Allez au diable.

ISCHABOD

La langue, je vous en prie.

DERRICK, sortant.

Allez au diable.

ISCHABOD

C'est une rage qu'ils ont dans ce pays de ne jamais vouloir être malades... Ah ! comme je me dépêcherais d'aller chercher fortune ailleurs si je n'étais pas amoureux !... Mais voilà, je suis amoureux. Ma chère petite Kate ! comme je l'aime. Parions qu'elle ne tardera pas à paraître... C'est une chose à remarquer chez les amoureux, dès que l'on en voit un quelque part, on est sûr... (Entre Kate, les yeux baissés.) Tenez qu'est-ce que je disais ?

SCÈNE X

KATE, ISCHABOD

ISCHABOD

Ma chère...

KATE

Comment, monsieur, vous êtes ici ?

ISCHABOD

Oui, je me promenais par hasard.

KATE

Et moi aussi, c'est par hasard... J'avais un peu mal à la tête...

ISCHABOD, *avec reconnaissance.*

Malade ! que vous êtes bonne.

KATE

Attendez... Alors je me suis dit : allons faire un tour... Mais je ne savais pas que vous étiez là... Si je l'avais su je n'aurais pas osé... (*Changeant de ton.*) Vous ne parlerez donc jamais à papa, alors ?

ISCHABOD

Je lui parle tous les jours à votre père... mais... Oh ! il n'est pas encourageant.

KATE

Il vous reproche de ne pas avoir de fortune...

ISCHABOD

J'ai de l'avenir... Je suis médecin.

KATE

Mais vous n'avez pas de clients.

ISCHABOD

Ce n'est pas ma faute ; un médecin ne peut malheureusement pas créer des maladies, là où il n'y en a pas. Il est tout au plus tenu de les entretenir et de les perfectionner quand il y en a...

KATE

C'est très juste, ce que vous dites là.

ISCHABOD

Et puis, ça ne peut pas durer ! Il finira par y en avoir, des clients... Il faut que tout le monde vive, que diable !... Tenez, écoutez-moi, mademoiselle : cette nuit j'ai fait un rêve...

KATE, *s'éloignant.*

Un rêve !

ISCHABOD

Oui, il n'y a pas que Rip qui fasse des rêves. J'en ai fait un... l'avenir m'est apparu ! Il était resplendissant, l'avenir... Et maintenant encore, il est là devant moi... l'avenir... Le voyez-vous ?

DUETTO

ISCHABOD

L'avenir avec ses féeries
Se présente à mes yeux ravis,
Un déluge de maladies.
Va s'abattre sur le pays !

Ça n' s'ra pas grav' je suis bon prince !
Ça s'ra peu de chose presque rien !
Mais n'y aura pas dans la province
Un' seul' personn' qui s' port'ra bien !

KATE, parlé.

Excepté nous ?

ISCHABOD, parlé.

Naturellement.

ENSEMBLE

L'un toussera
Ah ! ah ! ah !
L'autre boit'ra
Et f'ra comm' ça,
L'autr' souffrira
D'un coryza.

Il éternue.

L'autr' s' plaindra d'un grand mal de dents
Et pouss'ra des cris déchirants
Hola ! hola !
Et pendant c' temps-là
Heureux triomphants,
Riches et bien portants
Au milieu des jérémiades,
Nous mangerons et nous boirons
A la santé de nos malades !

ISCHABOD

Si vous avez quelqu' fantaisie,
Quelque caprice, ô mon amour !
Le bismuth et la magnésie
En feront les frais tour à tour !
Et du mêm' coup nous pourrons faire
Pour lui prouver notre amitié,
La fortun' de l'apothicaire
Mais il nous rendra la moitié.

KATE, parlé.

Êtes-vous sûr au moins qu'il fera la remise ?

ISCHABOD, parlé.

Je prendrai mes précautions !

Reprise de l'ensemble. — Refrain.

L'un toussera
Ah ! ah ! ah !
Etc.

A la fin du refrain. — Petite danse. — Dès que le duo est terminé, Kate regarde amoureusement Ischabod, l'attire violemment à elle, l'embrasse et le repousse.

ISCHABOD

Comme je l'aime !

KATE, baissant les yeux et très tendrement.

Pardonnez-moi... de m'être départie un instant de la réserve qui convient à une jeune fille... Ça été plus fort que moi.

ISCHABOD

Si je vous pardonne ! Je crois bien que je vous pardonne.

NICK avançant, furieux.

Et avec ça il ne vous faut pas autre chose ?

ISCHABOD

Mais si, beau-père ?

NICK

Votre beau-père ? jamais !

KATE

Je n'ai pas du tout autorisé monsieur...

ISCHABOD, *mettant un gant.*

Mes intentions sont pures !

KATE

Je suis trop bien élevée, mon père.

NICK

C'est bon... Et vous, rentrez, mademoiselle !

Kate rentre dans la taverne.

SCÈNE XI

NICK, ISCHABOD

Nick remonte à la table et prend à son bras le panier de légumes qu'il y a déposé en entrant et descend en scène.

ISCHABOD

Vous avez du monde à diner ?

NICK

Oui ! je traite.

ISCHABOD

Dame ! un traiteur !...

NICK

A nous deux, monsieur !

ISCHABOD, *tremblant.*

Volontiers, monsieur... mes intentions sont pures, monsieur.

NICK

Oui, je sais...

ISCHABOD

J'ai l'honneur de vous demander...

NICK

Oui, oui, je connais la phrase, vous me la répétez vingt ou trente fois par jour.

ISCHABOD

Et vous me faites toujours la même réponse.

NICK, *prenant son panier.*

Ça, c'est vrai. Eh bien, aujourd'hui je veux bien vous répondre autre chose.

ISCHABOD

Est-il possible ?

NICK *prenant une botte de légumes et la donnant à Ischabod.*

Tenez, prenez ça et aidez-moi à éplucher ces légumes.

ISCHABOD, *étonné.*

Tiens ! tiens ! c'est vous qui faites la besogne de la petite Jacinthe, votre servante ?

NICK

Oui. (*A part.*) Comment lui dire qu'il s'agit d'une mésalliance ? Oh ! ma Jacinthe. (*Haut.*) Tenez, asseyez-vous là ?

Ils s'asseoient chacun sur un des couvercles du panier.

I

Ecoutez, je vais tout vous dire,
Je vais tout vous dire :
Je m'étais cru jusqu'à ce jour,
Assez fort pour braver l'empire...

ISCHABOD, *parlé.*

Pour braver l'empire ?

NICK

Pour braver l'empire
Du dieu que l'on nomme l'amour !
Mais il fallut changer de notes
Et reconnaître que j'aimais !...
(*Frappant son cœur.*) Tais-toi donc... ah ! ah !

ISCHABOD, *parlé.*

Mais quand vous êtes-vous aperçu ?

NICK, *avec sentiment.*

Quand je la vis éplucher des carottes,
Quand je la vis éplucher des navets !

ISCHABOD, *parlé.*

Comment, vous aimez votre bonne ?

NICK

II

Eh bien, oui là, celle que j'aime,
Celle que j'aime
Est servante dans ma maison,
C'est raide ! J'en conviens moi-même...

ISCHABOD, *parlé.*

Oui, c'est raide.

NICK

J'en conviens moi-même
Et j'en meurs de confusion !
C'est à se donner des calottes
Mais tu comprends bien mes raisons.
Voilà pourquoi j'épluche ses carottes,
Voilà pourquoi j'épluche ses oignons !

Il se lève. — Ischabod roule à terre, ramasse les légumes et les remet dans le panier.

ISCHABOD

Mais enfin, qu'est-ce que cela veut dire ?

NICK

Que si vous voulez accepter certaine combinaison.

Il prend son panier.

ISCHABOD *prend aussi l'anse du panier.*

Je l'accepte, quelle quelle soit, je l'accepte.

NICK

Eh bien, nous en recauserons.

ISCHABOD

Oh ! causons-en tout de suite.

NICK

Non, car voici M. le capitaine Pickly... je vais le servir, vous, mon garçon, pendant ce temps-là, faites-moi le plaisir d'aller...

ISCHABOD

D'aller retrouver votre fille... j'y vais, j'y vais tout de suite.

Il sort en emportant le panier.

SCÈNE XII

LES MÊMES, PICKLY

NICK, à Ischabod.

Mais non, ce n'est pas cela que je voulais dire!

Entre le capitaine.

Salut à M. le capitaine Pickly. Qu'est-ce que je vais servir à M. le capitaine Pickly ?

PICKLY

Qu'est-ce que vous avez ?

NICK

Sherry, Brandy, Porto, Malaga, Xérès, Muscat...

PICKLY

Ne me donnez rien du tout. (*Entre Derrick.*) Je suis venu parce que je désirais parler à M. le bourgmestre de choses importantes.

NICK

A votre aise, mon capitaine.

Il sort.

SCÈNE XIII

PICKLY, DERRICK

DERRICK

Je vous écoute.

PICKLY

Il y a dans ce pays des gens malintentionnés qui veulent se révolter contre l'Angleterre. Il y a des agents étrangers qui les excitent et qui répandent de l'argent.

DERRICK

Où ça ?

PICKLY

Je ne sais pas.

DERRICK

C'est fâcheux.

PICKLY

Mon intention est de prendre, dès à présent, des points stratégiques.

DERRICK

Où ça ?

PICKLY

Je ne sais pas... Dites-moi, cette terre...

Il lui montre un plan.

DERRICK

Qu'est-ce que c'est que ça ?

PICKLY

C'est un plan.

DERRICK

Ah ! c'est un plan ?

PICKLY

Je vous disais que là, on pourrait établir une forteresse imprenable.

DERRICK

Où ça là ?

PICKLY

Là.

DERRICK, *à part.*

Ah ! ça, mais... c'est le terrain de Rip.

PICKLY

Si la terre n'appartient à personne, je m'en empare. Si la terre appartient à quelqu'un, on l'achètera, et fallût-il la payer un million...

DERRICK, *à part.*

Un million ! (*haut et vivement.*) La terre appartiendra à quelqu'un, capitaine, elle appartiendra à quelqu'un.

PICKLY

A qui ?

DERRICK

A moi, parbleu !

PICKLY

A vous ?

DERRICK

Oui, à moi.

PICKLY

Vous avez des pièces qui établissent...

DERRICH

Certainement, je les ai! je les aurai du moins. (*On entend Rip qui chante.*) Diable, voilà Rip qui arrive. Venez, capitaine, je vais chercher dans mes papiers. Venez. (*La voix de Rip se rapproche.*) Mais venez donc!

Il montre sa porte au capitaine.

PICKLY, *étonné.*

Ah! ça, mais monsieur le bourgmestre...

DERRICK

Voilà comme je suis, moi, quand il s'agit des intérêts de notre bon roi. (*Pickly entre en passant devant Derrick*). (*A part.*) Un million.

Il entre. — Rip et les deux enfants entrent par le pont.

SCÈNE XIV

RIP, JACK, LOWENA

RIP porte Lowena sur son épaule pendant que Jack court devant lui en portant son fusil.

Hop-là! hop! au galop! Là-dessus, mon petit Jack assez de cavalcade. Tu vas rentrer chez ton père, M. le bourgmestre.

LOWENA

Non, je ne veux pas.

RIP

Comment?

LOWENA

Je ne veux pas que Jack s'en aille.

RIP

Voyez-vous ça.

JACK, avec fatuité.

Elle est folle de moi, absolument folle.

RIP

Vous êtes un fat, monsieur Jack. Pensez-vous qu'elle vous aime plus que moi son père ?

JACK

Oh! non, pas plus. J'en ai eu la preuve tout à l'heure.

RIP

Comment cela ?

LOWENA, vivement.

Non, c'est moi qui dirai...

JACK, vivement.

Non pas, c'est moi.

LOWENA, vivement.

C'est moi, c'est moi.

JACK

Je t'aime bien, entends-tu Lowena, oui, je t'aime bien. Mais tu es la femme, moi je suis l'homme. Donc, c'est à moi de commander.

LOWENA

Il a raison. Parle, Jack.

JACK

A la bonne heure. (A Rip.) Tout à l'heure, quand vous êtes allé dans la montagne, nous vous avons suivi.

RIP, inquiet.

Vous m'avez suivi ?

JACK

Oui, nous vous avons vu entrer dans un grand trou, et comme vous ne reparaissiez pas, elle s'est mise à avoir peur et à vouloir à toute force aller à votre secours... je l'ai embrassée à cause de cela.

LOWENA, à Rip.

A la fin tu es sorti. Tu avais l'air très content et nous aussi, alors nous avons été contents, très contents.

JACK

Et je l'ai encore embrassée, moi.

RIP

Ah ! ça, mais monsieur Jack, il me semble que vous embrassez beaucoup.

JACK

Puisqu'elle sera ma femme.

RIP

Ça te va à toi, d'épouser le fils d'un bourgmestre.

LOWENA

Je l'épouse parce que je l'aime!

RIP

C'est un mariage conclu! alors me voilà passé à l'état de pasteur. (Il va chercher une chaise et s'assied au milieu du théâtre.) Je fais les mariages. Procédons aux formalités.

TERZETTO

RIP

Mes enfants, sachez qu'en ménage
Il faut s'aimer à qui mieux mieux!

LOWENA

Il faut s'aimer à qui mieux mieux!

JACK

Aimons-nous donc à qui mieux mieux!

RIP

La femme doit être fort sage,
Et le mari très courageux!

LOWENA

Je ferai tout pour être sage.

JACK

Eh bien, je serai courageux.

RIP

Mais si ta femme était légère,
Si ton époux était léger?

JACK

On en passe à sa ménagère.

LOWENA

Un mari peut être léger!

ENSEMBLE

Pour un bon ménage,
C'est tout ce qu'il faut;
Vouloir davantage,
Serait un défaut.

RIP

Et maintenant, ô douces têtes blondes,
Où passeront dans les jours éprouvés
Bien des chimères vagabondes,
Comprenez-moi si vous pouvez.

I

C'est malgré moi si j'ose,
O chers petits enfants,
Vous parler d'autre chose
Que des beaux jours présents,
Et pourtant, ces jours même,
Ces jours-là sont bien courts.
Aimez-vous! quand on s'aime
On est jeune toujours!

LOWENA ET JACK

Oui, nous nous aimerons toujours.

RIP

II

Du bonheur de la vie,
S'il était un secret, [illegible]
Oui, mon âme ravie,
Pour vous le chercherait.

Riez donc, riez même
Si les jours sont mauvais,
Aimez-vous, quand on s'aime
On ne vieillit jamais.

LOWENA ET JACK

Oui, nous ne vieillirons jamais !

SCÈNE XV

LES MÊMES, DERRICK *entre brusquement après le trio.*

DERRICK, *à Jack.*

Encore ce galopin. — Fais-moi l'amitié de rentrer toi, et que je t'y reprenne !

JACK

C'est bien, papa, je rentre.

LOWENA, *à Derrick.*

Oui il rentre, mais je vous défends de le bousculer, ou vous aurez à faire à moi... (*Frappant du pied.*) Ah ! mais, ah ! mais.

Les enfants sortent.

RIP

Sont-ils gentils, hé ! et quel joli ménage cela fera dans vingt ans.

DERRICK, *indigné.*

Moi, j'irais donner mon fils... (*Se reprenant.*) Mais ne nous occupons pas de ce ce qui se passera dans vingt ans ; occupons-nous de ce qui doit se passer aujourd'hui... Tu n'a pas oublié que tu as à me donner cent dollars ?

RIP

Avant midi.

DERRICK

Et comme il est midi moins le quart...

RIP

Eh bien, voyons...

DERRICK

Eh bien, quoi ?

RIP

Mon bon monsieur Derrick, mon cher monsieur Derrick... Est-ce qu'il n'y aurait pas moyen d'arranger cette affaire-là ?

DERRICK

Ah ! nous y voilà.

RIP

Je vous connais bien, vous faites semblant d'être méchant, vous menacez, vous criez, mais vous êtes bon au fond, n'est-ce pas, mon cher monsieur Derrick, mon petit Derrick chéri.

DERRICK

Eh là !

RIP

C'est entendu, vous me rendez mon billet et je vous en ferai un autre, n'est-ce pas? Les renouvellements n'ont pas été inventés pour rien.

DERRICK

Eh bien, écoute-moi. Je me doutais bien que tu n'aurais pas d'argent pour me payer...

RIP

Ah !... vous vous doutiez bien ?

DERRICK

Oui, tu ne te trompes pas en disant que je suis le meilleur des hommes, et tu vas le voir.

RIP

Vous consentez à renouveler ?...

DERRICK

Non, mais au lieu de faire vendre la terre comme ce titre m'en donne le droit. — On ne la payerait rien du tout, la terre, si on la vendait par autorité de justice. — Au lieu de cela, je te l'achète, moi.

RIP

Combien ?

DERRICK

Mille dollars... Cent que tu me dois et neuf cents que je te donne, c'est gentil, ça, hé !

RIP

C'est superbe ! (A part.) Pourquoi donc veut-il m'acheter ma terre ?

DERRICK

Seulement, toi, en échange, tu prends par écrit l'engagement de quitter Kaastkill et d'aller t'établir loin d'ici, très loin.

RIP, à part.

Pourquoi donc veut-il m'éloigner ?

DERRICK

Ça te va-t-il ?

RIP

Non, j'aime mieux faire un petit renouvellement.

DERRICK

Tu refuses ce que je te propose ?

RIP

Si je refuse... je crois bien... quitter Kaatskill, mon pays !... mon doux pays !

DERRICK, brusquement.

Mon argent, alors ?

RIP

Sérieusement, monsieur Derrick, vous voulez votre argent ?

DERRICK

On ne peut plus sérieusement.

RIP

Eh bien, moi, non moins sérieusement, je veux mon reçu.

DERRICK

Comment ?

RIP, jetant de l'or sur la table.

Puisque voilà votre argent.

DERRICK, ébahi

Hé ?

RIP

Allons, mon reçu au bas du titre que vous avez

DERRICK

Comment gredin, tu payes?

RIP

Oh ! regardez il y a le compte.

DERRICK, consterné.

Oui, il y a même un peu plus.

RIP, avec majesté.

Ça ne fait rien, gardez!

DERRICK, à part.

Alors moi, cette terre que je voulais avoir...? (Avec désespoir.) je suis ruiné !

RIP

J'ai déjà eu l'honneur de vous demander mon reçu, monsieur Derrick.

DERRICK

Le voilà brigand ! Le voilà bandit ! (Il le lui donne.) Mais tout n'est pas fini entre nous.

RIP

J'en suis fort aise. (Entre Nelly.) Je te l'avais bien dit, ma petite Nelly, que l'on ne vendrait pas notre maison, j'ai rattrapé mon reçu.

SCÈNE XVI

LES MÊMES, NELLY

NELLY

Où as-tu trouvé de l'argent?

RIP

Oh! ça.

NELLY

Tu ne veux pas me le dire?

RIP

Si, plus tard!

DERRICK, *à part.*

La ruine, la jalousie, la fureur! Et il n'y a rien à faire... il m'a payé, le misérable!... (*Regardant son or*). Ah! ça, mais qu'est-ce que c'est que ces pièces-là? De l'or français! je ne me trompe pas, c'est de l'or français... Oh! que non, mon bon Rip, tout n'est pas fini entre nous!

Il sort.

SCÈNE XVII

RIP, NICK, NELLY, *puis tout le monde.*

RIP

Allons, mes amis venez... Oh! là! Nick Wedder! à boire pour tout le monde!... C'est moi qui régale.

NICK

Toi ?

RIP

Oui, moi, Rip ! Cela vous fâche ?

NICK

Oh ! non, mais je te ferai observer que tu as sur le volet un petit compte.

RIP

Vous voulez de l'argent ? En voici.

Il en montre.

NICK

Oh ! alors !

RIP

Eh bien, vous ne prenez pas ?

NICK

Oh ! non, du moment que je suis sûr que tu en as, je ne t'en demande plus.

RIP, *montrant le volet.*

Fais-moi une barre là-dessus.

NICK

Parfaitement. (*Il trace quatre barres à la craie.*) Seulement je ferai faire un autre volet. Oh ! là ! Jacinthe, ma fille, à boire pour tout le monde.

SCÈNE XVIII

LES MÊMES, KATE, ISCHABOD, JACINTHE

Kate entre, Ischabod entre derrière elle, puis Jacinthe.

RIP

Oui, mes enfants soyons tous à la joie, je suis riche... (A Nelly.) Ma femme, tu vas être enfin heureuse comme je voulais.

FINALE

RIP, NELLY

Doux instants de la vie
Si longtemps attendus,
C'est par vous qu'on oublie,
Tous les beaux jours perdus.

ISCHABOD, KATE, JACINTHE, NICK

Maintenant à leur vie,
Les beaux jours sont rendus,
En aimant on oublie
Tous les beaux jours perdus.

SCÈNE XIX

LES MÊMES, DERRICK

DERRICK railleur, à Rip et à Nelly.

Enchanté sur ma foi,
De vous trouver ensemble.

NELLY, à part.

Dieu je ne sais pourquoi,
En le voyant, je tremble.

RIP

J'ai plaisir à vous voir ici.

Il lui offre à boire.

DERRICK

Non, je vous remercie
De votre courtoisie !

RIP

Vous refusez ?

DERRICK

Voici
Un contretemps.

RIP

Lequel ?

DERRICK

Payer les dettes,
Que l'on a faites,
Est un devoir.
Mais la justice,
Et la police
Veulent savoir
D'où la monnaie
Dont on les paie
Peut provenir !

RIP

Comment ?

DERRICK

Cherche en ton souvenir !

RIP

Je n'ai pas à répondre !

DERRICK

Je te le dirai, moi,
Car je veux te confondre.
Que cet argent, toi, l'ennemi du roi,
Tu le tenais de l'étranger.

RIP

C'est un mensonge !

TOUS

O ciel !

DERRICK, triomphant.

A mon tour aujourd'hui,
Malgré le désespoir où mon devoir me plonge,
Il me faut ordonner qu'on s'empare de lui !

ENSEMBLE

RIP	DERRICK
Il faut me soumettre,	Je le tiens le traître !
Ne répondons pas,	Il ne répond pas,
De cet air de maître,	Je ris de le mettre
Oui rions tout bas.	En tel embarras.
Dans cette journée	Quelle destinée !
Parler de prison !	Quel triste horizon !
De la destinée	Finir la journée
Oui, j'aurai raison !	Dans une prison !

NELLY, KATE, JACINTHE

Quoi, lui, Rip, un traître,
Vous n'y croyez pas.
Et vous devez, maître,
En rire tout bas.
Fatale journée !
Changer sa maison,
Quelle destinée !
Pour une prison !

NICK, ISCHABOD, LES CHOEURS

Quoi, serait-ce un traître ?
Dieu ! quel embarras !
Derrick parle en maître,
Il ne répond pas !
Fatale journée !
Changer sa maison,
Quelle destinée !
Pour une prison !

LE CHŒUR

Va, fuis, ne tarde pas
Rip, voici les soldats !

RIP

Pleurer, pour un seul jour d'absence !
Pourquoi donc cet effroi ?
Garde au cœur l'espérance,
Va, ne crains rien pour moi !

ENSEMBLE

RIP

Oui, je serai fidèle
A ma Nelly, toujours,
Mon cœur reste auprès d'elle,
Au revoir mes amours !

NELLY

Que ton cœur sois fidèle,
A ta Nelly, toujours,
Car loin de toi pour elle,
Il n'est plus de beaux jours !

LE CHŒUR

Rip, voici les soldats !

NELLY

Oui, sauve-toi,
Crois-moi !

RIP

Il se peut qu'on me prenne,
Mais je le dis d'abord,
Cela ne sera pas sans peine,
Car le premier qui vient, je l'étends raide mort !

LES FEMMES, s'approchant.

Il a raison !

LES HOMMES

Non, il a tort !

RIP

Mes amis, bonsoir !
A demain, au revoir !

Il fait un pas vers le fond en chantant le refrain de sa chanson de la scène II.

C'est un rien, un souffle, un rien...
Etc.

CHŒUR GÉNÉRAL

C'est un rien, un souffle, un rien
Etc.

SCÈNE XX

LES MÊMES, DERRICK, PICKLY, SOLDATS ANGLAIS

Les soldats, commandés par Derrick et Pickly font un pas vers Rip qui est sur le pont. — Nelly et les femmes s'élancent vers les soldats, se placent entre le pont et les grenadiers anglais pour les empêcher de faire feu. — Rip s'est éloigné et on l'entend qui répète au loin son refrain.

RIDEAU

ACTE DEUXIÈME

DEUXIÈME TABLEAU

Dans les montagnes de Kaastkill. — Un chemin en lacet descend sur la scène. — Site très boisé. — A gauche un chemin plat, à droite une grotte dissimulée dans les rochers, un chemin plat, rochers à droite et à gauche, le paysage est éclairé par la fin du crépuscule.

SCÈNE PREMIÈRE

RIP, descendant le chemin, entre son fusil à la main.

Ouf! Je crois que j'ai un peu d'avance et que je puis souffler... Mais non!... J'entends des pas... Je ne me trompe pas... On monte par ce petit sentier... Heureusement, je connais la montagne. (Il entre dans la caverne.) On aura beau chercher, on ne me trouvera pas.

Il disparaît.

SCÈNE II

A peine a-t-il disparu que JACINTHE, KATE et les PAYSANNES entrent doucement, tenant des lanternes en mains

ENSEMBLE

Par monts et chemins,
Lanternes en mains,

Nous faisons tout comme
Diogène autrefois,
A travers les bois
Nous cherchons un homme !

JACINTHE, *avec dépit.*

Dans ces vallons ténébreux,
Chercher un bel amoureux
Lorsque ce n'est pas le nôtre !

KATE, *avec malice.*

C'est peut-être le moyen
De mieux rencontrer le sien
Que chercher celui d'un autre !

JACINTHE

Appelons bien !

ENSEMBLE

Hé ! oh hé ! appelons bien... Rip, es-tu là ?
Hé ! oh hé ! Viens, nous voilà !

JACINTHE

Voici Nelly...

SCÈNE III

LES MÊMES, NELLY

NELLY

Moi-même !
Avez-vous vu celui que j'aime !

LE CHŒUR

Hélas! hélas!

NELLY

Pour moi, j'ai perdu mon chemin
Plus de cent fois je le crois bien!

JACINTHE

Quoi sans lanterne
Quand il fait noir
Comment y voir?
On peut trouver une citerne,
Un précipice, Ah! c'est affreux!
Quand il fait noir?
Comment y voir!

NELLY

Ah! ne crains rien, j'ai mieux qu'un flambeau,
Que mes yeux.

COUPLETS

I

Pour marcher dans la nuit obscure
Je sais un guide plus certain.
Son but est droit, sa route est sûre,
Il va toujours soir et matin,
Pour chercher l'ami de mon âme,
Qu'ai-je besoin de la lueur
D'une faible et tremblante flamme?
Je n'aurai qu'à suivre mon cœur,
Où bat son cœur, ira mon cœur.

CHŒUR

Pour trouver l'ami, etc.

NELLY

II

A travers la route incertaine,
Les chemins les plus dangereux,
Oui, c'est dans ses bras qu'il me mène
Je le suis en fermant les yeux.
Pour chercher l'ami de mon âme,
Q .'ai-je besoin de la lueur
D'une faible et tremblante flamme ?
Je n'aurai qu'à suivre mon cœur.
Où bat son cœur, ira mon cœur.

Reprise du refrain avec le chœur.

NELLY

Les enfants m'ont parlé d'une caverne où ils avaient vu disparaître Rip, et, d'après ce qu'ils m'ont dit, je suis tentée de croire...

KATE

Que c'est ici ?

NELLY

Oui.

JACINTHE

Eh bien, rien de plus simple... Nous allons vous laisser, et nous nous tiendrons toutes autour de vous pour faire le guet...

NELLY

Vous voulez bien ?

KATE

Oui... et s'il est caché, nous vous préviendrons dès que quelqu'un viendra, afin qu'il ait le temps de se recacher.

NELLY

Merci ! Mais comment pourrais-je m'acquitter ?

KATE

N'est-ce pas tout naturel ?... Nous sommes femmes... Il s'agit d'amour, nous sommes toutes à votre service.

JACITNHE, avec pudeur.

Comment, mademoiselle !...

KATE

C'est vrai, j'ai parlé d'amour, je vous en demande pardon

CHŒUR DE SORTIE

Allons, cherchons,
Marchons,
Par monts et chemins,
Etc., etc.

SCENE IV

NELLY, RIP, JACINTHE et KATE

Rip se montre derrière un rocher.

RIP

Nelly !

NELLY

Rip !

RIP

Où sont ceux qui me poursuivent ?

NELLY

Ils viennent... mais n'aie pas peur, nous sommes bien gardés. (Haut.) Vous êtes là, n'est-ce pas ! Vous veillez ?

Les deux femmes avancent la tête derrière les rochers.

JACINTHE

Oui, nous sommes là, n'ayez pas peur !

KATE

Ça va bien, monsieur Rip ?

RIP

Mais oui... pas mal.

KATE

C'est très bien ! Continuez de parler.

JACINTHE

Nous sommes là, nous veillons !

Elles disparaissent.

NELLY

Voyons, Rip...

RIP

Voyons, Nelly...

NELLY

Qu'est-ce qu'il y a de réel dans cette accusation ?... Est-ce que c'est vrai que tu as reçu de l'argent ?

RIP

Par exemple !

NELLY

Mais les vieilles pièces de monnaie ?...

RIP

Chut !... je vais tout te dire...

NELLY

Parle...

RIP

Donne moi d'abord un baiser.

NELLY

Oui, mais parle vite !

JACINTHE et KATE, les voyant s'embrasser.

Oh !

RIP, après l'avoir embrassée.

Ça me manquait ! Bref ! J'ai trouvé le trésor du capitaine hollandais.

NELLY

Oh ! ciel !

RIP

Qu'est-ce que tu as ?

NELLY

Mais tu sais bien qu'il arrivera malheur à celui qui trouvera ce trésor...

RIP

Oh ! oui, cette légende que nous chantions tout à l'heure.

NELLY

Oui, cela commence par un sommeil de plomb qui s'empare c l'imprudent, et puis on dort, on dort pendant vingt ans...

RIP

Quant à cela, rien à craindre. Je te jure que je ne suis pas endormi. Jamais au contraire, je n'ai été aussi éveillé...

NELLY

Cependant, si la légende...

RIP

Peux-tu croire à de pareilles choses ! Quand on fait allusion aux malheurs qui menacent celui qui trouvera le trésor, on veut parler, sans doute, des malheurs qui accompagnent la fortune, mais ceux-là, je pense qu'il est doux de les braver.

NELLY

C'est égal, puisque je suis sûre maintenant que tu peux prouver ton innocence, tu vas revenir avec moi à la maison.

RIP

Oh ! non, je n'ai encore pris qu'une partie du trésor, quelques pièces d'or que j'ai ramassées pour payer Derrick. Mais là, à côté de ces pièces d'or, se trouve le trésor, le trésor tout entier... Demain je m'en serai emparé, et alors...

NELLY

Et alors ?

RIP

Alors, petite Nelly, nous serons riches et tu seras heureuse !

COUPLETS

I

Si je la veux, cette immense richesse,
Si je la veux, c'est pour mieux te parer,
Pour te prouver encor mieux ma tendresse,
Pour te montrer si je sais t'adorer!
Je veux, en te voyant, que le riche t'envie,
Et je ferai tenir tant de joie en ta vie
Que tu me souriras
Et me pardonneras!

II

Oui, je voudrais, pardonne à ma folie,
Faire d'un rêve une réalité,
Je grandirais celui qu'on humilie,
Je chasserais partout la pauvreté,
J'irais, ouvrant mon cœur à toutes les détresses
Et je dirais à tous : « Puisez dans mes richesses! »
Et l'on nous aimerait
Et l'on nous bénirait!

NELLY

Dame! tu m'en diras tant... que je finirai par me laisser convaincre.

Kate et Jacinthe paraissent.

JACINTHE

Chut! j'aperçois Derrick.

KATE

Il vous cherche. Cachez-vous!

JACINTHE

Voilà tous les gens du village.

KATE

Derrick est à leur tête... Prenez garde !

Elles disparaissent.

NELLY

Cache-toi !... Cache-toi bien vite !

RIP

Encore un mot... approche. (*Il l'embrasse.*) Et maintenant, tâche de me débarrasser le plus vite possible de Derrick et de sa milice...

SCÈNE V

NICK, DERRICK, ISCHABOD, les MILICES CITOYENNES, NELLY *cachée.*

LE CHŒUR

Marquons le pas !
Marchons avec prudence,
Montrons de la vaillance !
Pour Rip, hélas !
Nous voilà donc soldats !

La nuit est un peu sombre,
Mais nous sommes en nombre,
Silence, et garde à vous !
La victoire est à nous !
Oh ! ciel, là-bas une ombre !...
Ah ! c'est notre ombre à nous.
Marchons avec prudence,
Etc., etc.

DERRICK, à la fin du chœur.

Halte !

ISCHABOD

C'est égal, je ne comprends rien à toutes ces évolutions-là !

Nelly tousse.

DERRICK, arrivant au rocher derrière lequel est cachée Nelly.

Nelly !

NELLY, bas.

Renvoyez vos hommes, j'ai à vous parler.

DERRICK

Attention ! reprenez vos rangs !

TOUS

Ah !

NICK

Comment, encore ?

DERRICK

Le premier qui réplique, je le laisse ici tout seul.

ISCHABOD

Vous ne ferez pas cela.

DERRICK

Mais si. (Désignant un homme.) A partir de là, par le flanc gauche. (La moitié des hommes fait le mouvement indiqué.) Par le flanc droit, l'autre moitié. (On obéit.) Maintenant les uns à droite, les autres à gauche. Quand vous aurez fait cinq cents pas dans les deux sens, vous vous arrêterez...

TOUS

Oh !

ISCHABOD

En voilà une manœuvre !... C'est bête comme tout, l'ordre que vous donnez là.

DERRICK, *à Nick.*

Est-ce que vous trouvez ?

NICK

Oh ! non... c'est plus bête que tout !

DERRICK

Vous n'en aurez que plus de mérite à vous y conformer. En avant, marche !

ISCHABOD

Ils sont tous comme ça, ces hommes de guerre.

Les deux corps d'armée partent l'un à droite, l'autre à gauche, en reprenant le chœur.

CHŒUR

Marquons le pas.
Marchons avec prudence,
Montrons de la vaillance,
etc., etc.

SCÈNE V

DERRICK, NELLY, puis RIP.

DERRICK

C'est Nelly... et nous sommes seuls... Oh! amour?

NELLY

Plait-il?

DERRICK

Rien.

NELLY, à part.

Il faut que je le décide à emmener son armée.

Violent coup de tonnerre.

DERRICK

Que bénie soit la foudre... je ne savais comment engager l'entretien... le tonnerre s'en est chargé... (*Tonnerre.*) Si le tonnerre aimait, il parlerait d'amour comme j'en parle moi-même.

Tonnerre

NELLY

Vous dites ça... vous dites que vous m'aimez...

DERRICK

Comme la foudre... oui, je le dis...

NELLY

Et si je vous demandais une preuve de cet amour?

DERRICK

Demande... oh ! demande...

NELLY

Je vous défends de me tutoyer.

DERRICK

C'est bien, j'attendrai.

NELLY

Il va faire un temps abominable, et ce que je vous demande, c'est de me ramener chez moi.

DERRICK

Oh !!

NELLY

Qu'est-ce que vous avez ?

DERRICK

Vous qui me parlez toujours si durement, vous venez de me parler avec douceur.

NELLY

Eh bien ! venez-vous ?

DERRICK

Je pourrais espérer alors... vous pourriez m'aimer.

NELLY

Dame ! si Rip est vraiment coupable...

DERRICK

Il l'est, n'en doutez pas...

NELLY

Eh ! bien, je vous demande quarante-huit heures... Si dans quarante-huit heures Rip n'a pas reparu... s'il ne s'est pas justifié...

DERRICK

Vous m'aimerez ?

NELLY

Nous verrons ça...

DERRICK

Mais cette armée dont je suis, en quelque sorte, le général ?

NELLY

Elle n'a pas besoin de vous, votre armée !

DERRICK

Oh ! je sais bien qu'elle n'a pas besoin de moi pour se sauver. Partons !

NELLY

Partons !

Derrick sort avec Nelly.

RIP, **sortant de sa cachette.**

Voilà le général en déroute... Donnons aux soldats un quart d'heure pour décamper; je serai seul alors et je pourrai me remettre au travail.

Il disparaît.

SCÈNE VII

KATE, ISCHABOD, *puis* JACINTHE *et* NICK

ISCHABOD, *poursuivant Kate.*

Kate, voyons, mon amour.

KATE, *se sauvant.*

Laissez-moi tranquille.

ISCHABOD

Je vous en prie... qu'avez-vous à me reprocher?

KATE

Ce que j'ai à vous reprocher?

ISCHABOD

Oui.

KATE

De m'avoir rendue amoureuse, donc!

ISCHABOD

Oh!

KATE

Sans doute... j'étais tranquille, j'étais innocente... mais vous, avec vos regards langoureux... Osez un peu dire qu'ils n'étaient pas langoureux, vos regards...

ISCHABOD

Si, si... ils l'étaient!...

KATE

Avec vos regards et vos paroles vous avez trouvé moyen de troubler mon innocence... de me rendre folle... de me surexciter, et maintenant, vous me laissez en plan !

ISCHABOD

Moi !..

KATE

Oui, vous... Ah ! je ne suis qu'une jeune fille timide, mais si vous étiez la jeune fille et si j'étais le jeune homme... oh ! la la !

ISCHABOD, *ravi.*

Vrai !

KATE

On en verrait de drôles, si j'étais le jeune homme !

ISCHABOD, *avec feu.*

Comme je l'aime ! Voyons, franchement, est-ce un encouragement ?

KATE

Croyez ce que vous voudrez.

ISCHABOD

Je veux croire que c'en est un.

Il s'élance vers Kate. Celle-ci, avec un petit coup de poing, l'envoie à l'autre bout de la scène.

KATE

Qu'est-ce que c'est ?

ISCHABOD

Franchement, ce n'était pas un encouragement. Comme je l'aime!

KATE

Quand vous déciderez-vous à demander ma main à papa?

ISCHABOD

Je lui ai parlé déjà. Il m'a dit qu'il désirait avoir avec moi une conversation.

KATE, écoutant.

Je l'entends, papa... Eh bien! voici le moment de l'avoir... cette conversation.

NICK, hors de la scène.

Je t'en prie, Jacinthe...

JACINTHE, hors de la scène.

Laissez-moi tranquille...

Entrent Nick et Jacinthe. Kate et Ischabod se sont éloignés.

NICK

Mademoiselle, écoutez-moi donc.

JACINTHE

Laissez-moi tranquille.

NICK

Ma petite Jacinthe fleurie...

JACINTHE

Je suis votre servante, pas vrai ? Eh ! bien je ferai mon métier de servante ; mais quant au reste... votre servante ?

NICK

Voyons...

JACINTHE

Révérence...

NICK

Tu sais bien que je n'ai pas de préjugés et que je ne demanderais pas mieux que de t'épouser, mais j'ai peur que cela ne déplaise à mon futur gendre.

ISCHABOD, *se montrant.*

Dites donc, c'était ça que vous n'osiez pas me dire ?

NICK

Tu as entendu, mon garçon ?

ISCHABOD

Oui.

KATE

Moi aussi, papa, j'ai entendu.

NICK

Tiens ! ma fille est là ! Naturellement, puisque vous y êtes... et vous vous opposez...

ISCHABOD

Pas du tout, je consens, au contraire...

KATE

Nous consentons... je vous aime tant !

NICK

Consentement pour consentement.

ISCHABOD

Mes intentions sont pures...

NICK

Inutile, maintenant !

ISCHABOD

J'ai l'honneur de vous demander...

NICK

Elle est à toi, je te la donne.

KATE

Alors, maintenant, nous avons le droit de nous parler d'amour ?

NICK

Sans doute.

KATE

Vite alors, vite, ne perdons pas de temps.

QUATUOR

NICK, JACINTHE, KATE, ISCHABOD, ensemble.

Amour, douce ivresse,
Qu'on soit cuisinière ou princesse,
Faut voir
Comment chacun reconnaît ton pouvoir.

NICK

S'aimer, se le dire et se le redire

JACINTHE

S'aimer, se le dire et se le redire !
A n'en plus finir, oui, c'est du délire !
Mais trouvez-moi donc
Quéqu'chos' de meilleur, quéqu'chos' d'aussi bon !

Ils s'embrassent.

KATE

Ah ! divine extase.
Qu'est-c'que je sens là ?

NICK

Je n'connais pas d'phrase
Qui puiss' rendre ça !

ISCHABOD

O mademoiselle,
C'est trop de bonheur, tenez je chancelle
Oh ! mademoiselle,
Prêtez votre bras !

JACINTHE, *pendant que Nick l'embrasse.*

On m'blâmera peut-être,
Mais si c'n'est pas là c'qu'on nomm' un bon maître,
Je n' my connais pas !

REPRISE DE L'ENSEMBLE

NICK, *étendant la main.*

Mais qu'est-ce que c'est que ça ?

KATE, même mouvement.

Mort de ma vie! il pleut!

ENSEMBLE

Il pleut! il pleut!
Sauve qui peut!
La pluie en tombant,
Nous traverse
Et nous transperce,
Il pleut! il pleut!
Sauve qui peut!

Ils sortent. — La scène reste vide un moment. — Orchestre, orage, fin de la pluie, mais continuation du tonnerre. — Rip reparaît.

SCÈNE VIII

RIP, un peu ému.

Plus personne! au travail maintenant. J'ai bu la moitié de ma gourde pour me donner du cœur... allons, à l'ouvrage! Tout à l'heure nous en aurons abattu de la besogne... hé! hé! (*On entend l'écho répéter : hé! hé!*) Tiens, c'est l'écho ou quelque revenant, comme ils disent... Il me semble qu'il vaudrait mieux être chez soi, dans sa petite maison... Ah! ça, mais est-ce que j'aurais peur, moi aussi?

COUPLET

Non, non, non, trembler c'est folie,
Peut-on hésiter un instant?
Songer à sa vie
Quand la fortune nous attend?
Écho, réponds-moi quelque chose.

L'ÉCHO

Ose!

RIP

N'est-il pas un trésor enfoui?

L'ÉCHO

Oui!

RIP

S'il survient quelque entrave méchante?

L'ÉCHO

Chante!

RIP

Tra la la la la!

L'ÉCHO

la la la!

Rip prend une petite flûte et joue des phrases que l'écho répète.

RIP

Merci, écho! allons, du courage maintenant! Elle est folle, cette Nelly avec sa légende. Tu dormiras pendant vingt ans... (Chancellant.) Oh! oh! qu'est-ce qui m'arrive?.. (Musique mystérieuse à l'orchestre.) Est-ce qu'il se dégage de la terre quelque vapeur... Mes bras s'engourdissent, mes yeux se ferment... Ah! mais non, je ne veux pas... je ne veux... Il n'y a pas moyen, c'est plus fort que moi. Il faut que je dorme, quand j'aurai dormi, je me remettrai au travail, tout de bon alors, tout de bon... Décidément il faut que je dorme...

Il rentre dans la caverne.

Changement à vue.

TROISIÈME TABLEAU

Une vallée très sombre entourée de montagnes éclairées par la lune.

RIP, seul, puis un nain bizarre.

Rip reparaît presque immédiatement de l'autre côté du théâtre et s'avance comme un somnambule. — Rêvant.

Le trésor, il est là le trésor, à vingt pieds au-dessus de moi! Allons, montons! que le diable m'emporte! j'ai la tête un peu prise... Décidément, si je n'étais pas sûr d'être éveillé, je me figurerais que je dors! (Entre un nain bizarre, portant un baril.) Holà! qu'est-ce que ça?... quelqu'un qui va me déranger. (En regardant le singulier costume du nain.) Eh! bonjour, l'ami! Tu veux que je te prenne au sérieux; non, par exemple, ce n'est pas là une créature humaine. Je croyais m'être trompé, il paraît que non... je continue à dormir et je rêve... Eh bien rêvons! C'est quelquefois agréable! Eh! quoi? tu es fatigué? Tu veux que je t'aide à porter ton baril? je veux bien, mais j'espère bien que pour la peine tu me feras goûter de ce qu'il y a dedans... Du whiskey? du brandy? du gin?.. Oui, du gin! (Prenant péniblement le tonneau sur l'épaule.) Eh bien! voilà qui est étrange... je n'aurais pas cru que ce que l'on porte en rêve fût si lourd. Allons, bon, il m'emporte mon fusil! quel drôle de rêve je fais! attendez-moi donc, camarade.

Il sort.

Changement à vue.

QUATRIÈME TABLEAU

Une vallée ; au fond un lac de feu tout autour des montagnes. La lune éclaire le paysage. — Des nuages passent sur le ciel.

LE NAIN, RIP

RIP entre portant le tonneau et suivant le nain.

Là, je pense que nous sommes arrivés. (Le nain fait signe que oui.) Je peux me reposer, alors? Eh bien, là, vraiment je n'en suis pas fâché... Tiens, tiens, mais l'endroit où nous sommes est justement celui où est caché le trésor. (Le nain part d'un éclat de rire et se sauve avec le baril.) Allons, bon, il n'est plus là, ni le baril non plus ! Je le regrette, j'aurais bien voulu boire du gin que l'on boit en rêve. Au diable, ma foi ! Ce qui est sûr, c'est que le trésor est là... allons ! (Il prend une pioche et frappe trois coups). Oh ! oh ! (Voyant apparaître un fantôme.) Qu'est-ce que c'est que ça? je ne comprends pas bien... (Voyant un second fantôme.) Tiens, c'est sans doute le frère de l'autre, soyons poli. Bonjour, mon ami, comment vous portez-vous? (Voyant un troisième fantôme.) Encore un !.. mais c'est toute une famille !

Apparition des fantômes.

CHŒUR A BOUCHES FERMÉES

RIP

J'ai bien l'honneur,
J'ai l'honneur d'être
Votre humble serviteur
De tout mon cœur !

A l'ombre d'Hudson.

Parlez, mais qui donc êtes-vous?
Que faites-vous et pourquoi ce courroux?

CHŒUR DES FANTOMES

Rire infernal.

Ah! ah! ah!
Ah! ah! ah!

LE CAPITAINE HUDSON

(Parlé.) Écoute!

On m'appelle Hendrick Hudson
Et je me ris des orages,
Des flots et des naufrages,
Comme d'une chanson!
Oui, sur la mer profonde,
Marins de l'autre monde,
Nous naviguons encor
Protégés par la mort!
Bon vent, bon vent
Vire au cabestan!

LE CHŒUR

Bon vent, bon vent
Vire au cabestan!

RIP

Parfaitement, je vous reconnais... vous êtes le capitaine Hudson... j'ai vu votre portrait tout à l'heure. Mais sans indiscrétion, à quoi diable! pouvez-vous bien vous amuser ici? (Le nain entre avec des boules. Chaque boule lancée produit un grondement souterrain.) Tiens! Tiens!... C'est là ce qui fait le bruit du tonnerre!.. Tout cela est très curieux! mais cela altère! C'est singulier même comme j'ai soif!... Mais je boirais la mer tout entière! à boire! (En ce moment le nain lui présente une coupe.) Je veux quelque chose d'extraordinaire, une boisson de l'autre monde puisque j'y suis.

Il jette la coupe. — Entrent de chaque côté de la scène les génies de la tentation, on lui donne une coupe.

CHANSON A BOIRE

Ce n'est pas la bière qu'on vante
Qu'il faudrait pour ma soif ardente,
Cidre aigrelet, ni vin clairet!
Non, pour que je me désaltère,
Loin de moi, boissons de la terre,
Je veux du vin de feu,
Versez, morbleu!
Qu'il soit blanc, rouge ou bleu,
Je veux du vin de feu!

CHŒUR

Versez, versez, versez morbleu.

RIP, après avoir bu.

Ah! quel parfum! il me semble que j'ai bu l'enfer et le paradis tout à la fois. Cela me brûle et me charme! (Rip jette sa coupe.) Je sais bien que je dors!... Tout cela n'est qu'un rêve... je dors! à boire encore! (Entre la Séduction qui le fait boire dans sa coupe.) Quelles délices! je dors! je dors!...

Les esprits l'entourent en dansant. Rip, sous l'empire de l'ivresse, cherchant à saisir une des femmes qui passent devant lui.

Viens à moi, douce enchanteresse,
Viens plus près, plus près de mon cœur!
Ton regard, c'est l'ivresse,
Et ton sourire, le bonheur!
Trouble étrange...
Oui... tout change
A mes yeux...
Je voudrais... Oui... je veux!

Il s'affaisse et tombe anéanti.

HUDSON

Tu dormiras pendant vingt ans!

LE CHŒUR

Tu dormiras pendant vingt ans!

RIP, parlé.

Nelly!... je rêve!... Nelly!...

PREMIER LIEUTENANT

Tu perdras tes amis!

RIP, parlé.

Nelly! à moi!...

PREMIER LIEUTENANT

Ta jeunesse et tes chants!

RIP, avec effroi.

Les revenants!

HUDSON

Tu perdras ta jeunesse et ton rire et tes chants.
Tu perdras tout sur terre,
Oublié des vivants!

RIP

Ma Nelly... les trésors!..

HUDSON

Dors, dors!

LE CHŒUR

Dors, dors!

Le rideau baisse très lentement.

ACTE TROISIÈME

CINQUIÈME TABLEAU

Rip endormi comme à la fin du deuxième acte, le même paysage, avec les changements que vingt années ont pu amener. Musique au commencement de la scène.

CHŒUR DES BUCHERONS

Dans la coulisse.

Hardi, la cognée!
Va, de ces grands bois,
Dans notre journée
Abattons les rois !
Travaillons
Et chantons.
Chênes fiers, courbez vos fronts,
Car voici les bûcherons !

SCÈNE PREMIÈRE

RIP

Il revient à lui peu à peu et se relève péniblement. Il a vingt ans de plus. C'est presque un vieillard. Ses vêtements sont en lambeaux.

Aïe! Aïe! jamais je n'ai eu autant de peine à me relever... Voilà ce que c'est que de dormir au grand air, on se réveille courbaturé. J'avais vraiment bu un peu plus que de raison hier au soir. (*Souriant.*) Aussi quels rêves j'ai faits! Le capitaine Hudson... Les boules... C'est bête, les rêves, c'est bête et c'est fatigant... Je n'en puis plus. (*En se secouant.*) Allons! allons!... (*Il regarde autour de lui.*) Ah! ça, mais, je ne m'y reconnais plus, moi!... Il y avait là un chemin, le chemin par lequel je suis monté... Il y aura eu un orage pendant que je dormais et l'orage aura emporté le chemin... Ah! bien, je pourrais maintenant vivre ici pendant des années, personne ne viendrait m'y déranger... impossible de monter... heureusement l'on peut descendre... Oui, oui, en m'appuyant sur mon fusil je pourrais... (*Il ramasse son fusil, le bois du fusil tombe en poussière.*) Comment! en morceaux! Seigneur, pendant que je dormais, la foudre sera tombée à côté de moi... et je ne me serai pas réveillé! je dormais bien, décidément. Je me demande si je ne ferais pas mieux de retourner au village... Je saurai bien prouver que je ne suis pas coupable. Ce n'est pas seulement mon corps qui est fatigué, je sens dans tout mon être un besoin de repos... Allons donc, maître Rip, il faut secouer cela!... Allons, Rip, mon garçon, un peu de courage et en route, je vais retrouver Nelly et ma chère petite Lowena. (*Il commence à descendre, s'appuyant sur le canon de son fusil et se traîne à grand peine. Ici quelques éclairs, quelques bruits semblables à ceux du tableau précédent, quand les boules roulaient.*) Oh! oh! Est-ce que ça va recommencer! Il s'agit de savoir si je continue à rêver. Nous verrons bien.

Il sort.

RIDEAU

SIXIÈME TABLEAU

Kaatskill. Vingt ans après le premier acte. Les chaumières sont devenues de superbes maisons. La taverne de Nick Wedder a l'air d'un grand hôtel. Le pont de bois est en pierre. Le puits, qui n'avait que sa margelle, est surmonté d'une ferronnerie artistique.

SCÈNE PREMIÈRE

JEAN, BOURGEOIS ET BOURGEOISES

JEAN va et vient versant à boire.

CHŒUR DES BUVEURS

Fêtons les nouveaux époux!
Pour leur faire honneur et gloire,
Il faut boire, et puis reboire,
Buvons pour eux, buvons pour nous.
Apportez pintes et pots,
Versez la bière qui mousse.
Qu'on danse et qu'on se trémousse,
Versez-nous de l'ale à grand flots?

LES HOMMES

Voilà Derrick! voilà Nelly!

LES FEMMES

Le mari n'est pas joli!

LES HOMMES

La mariée est un peu mûre!

LES FEMMES

Il est tout jaune de figure!

LES JEUNES FILLES

Ça paraît drôle, entre nous,
Quand on n'est plus au jeune âge,
De prendre un deuxième époux!
Mais on voit par le veuvage,
Que les maris ont du bon,
Puisqu'après le premier on en veut un second!

REPRISE DU CHŒUR DES BUVEURS

Fêtons les nouveaux époux!
Pour leur faire honneur et gloire,
Il faut boire, et puis reboire,
Buvons pour eux, buvons pour nous!

SCÈNE II

DERRICK, NELLY, JEAN fils de NICH WEDDER, JACK, puis ISCHABOD

JEAN

Joie et bonheur aux nouveaux époux.

DERRICK

Brave garçon... je ne puis te voir sans penser à ton père... ce brave Nick Wedder. Tu es sa vivante image... avec des cheveux... Et le commerce va toujours bien?

JEAN

Mais oui, pas mal, je vous remercie.

DERRICK

Enfin, ma Nelly, vous êtes à moi... Vous m'avez fait attendre pendant vingt ans, mais à la fin...

NELLY

Oui, monsieur Derrick, je suis à vous. J'ai pleuré mon pauvre Rip pendant vingt ans ; au bout de vingt ans, il m'a semblé que c'était assez et que je pouvais me laisser attendrir par vos assiduités... Mais c'est égal, quand je vous regarde !

DERRICK

Quand vous me regardez !

NELLY

Il y a des moments où je me demande comment, après avoir été la femme d'un homme tel que Rip, j'ai pu lui donner pour successeur...

DERRICK

Vous semblez oublier que vous parlez au plus riche propriétaire de l'endroit.

NELLY

Eh bien, et moi !.. je ne suis pas non plus dans la misère, il me semble, depuis que le gouvernement a acheté la maison de mon pauvre Rip pour en faire un point stratégique... Non, ce qui m'a décidée à vous épouser, ce n'est pas votre fortune, c'est la certitude qu'en nous unissant, nous assurions le bonheur de nos deux enfants. Regardez votre fils, ce brave Jack.

DERRICK

Où est donc ton amoureuse ?

JACK

Mlle Lowena... Elle est chez sa mère, en train de préparer le repas que vous offrez à tous vos amis.

NELLY

Comment, elle a pu se séparer de toi ?

JACK

Oui, mais si vous vouliez être bons...

DERRICK

Qu'est-ce que nous ferions si nous voulions...

JACK

Vous me permettriez d'aller la retrouver.

NELLY

Mais certainement ; va, mon garçon...

DERRICK

Va vite...

Jack sort en courant.

NELLY, *à Derrick.*

Voilà pourquoi je vous ai épousé.

Entre Ischabod.

ISCHABOD

Mes compliments aux nouveaux mariés.

DERRICK

Bonjour, Monsieur Ischabod, vous souvenez-vous du temps où vous n'aviez pas un malade et où vous étiez maigre comme un clou... vous avez du ventre, maintenant...

ISCHABOD

Le fruit de vingt ans d'efforts! (Bas.) Tenez voici la potion que je vous ai promise. On est quelquefois ému un jour de noces, et cette potion-là, c'est souverain contre l'émotion.

DERRICK

Merci.

ISCHABOD, à Nelly.

Voici de la véritable pâte des sultanes, c'est moi qui l'ai composée. Vous êtes sûre, en vous en servant, de conserver la fraîcheur.

NELLY

Donnez. — J'espère, Monsieur Ischabod, que l'on vous verra au repas que nous offrons tout à l'heure.

ISCHABOD

C'est que je ne sors jamais sans ma femme.

DERRICK

N'est-ce que cela? Mme Ischabod est invitée aussi, cela va sans dire.

ISCHABOD

C'est que ma femme ne sort jamais sans ses enfants.

NELLY

Amenez aussi vos enfants, vous nous ferez plaisir.

ISCHABOD

Comme cela vous pouvez compter sur nous.

DERRICK

Et maintenant, ma Nelly, ne trouvez-vous pas qu'il est temps de rentrer chez vous, chez nous, veux-je dire...

NELLY

Quand il vous plaira.

DERRICK

Allons ! allons, et nous suive qui nous aime,

REPRISE DU CHŒUR

Fêtons les nouveaux époux !
Etc.

Derrick et Nelly sortent au milieu des acclamations. — Sortie des chœurs.

SCÈNE III

JEAN, ISCHABOD

JEAN

Qu'est-ce que vous dites de cela ? Auriez-vous jamais cru que M. Derrick finirait par épouser la veuve de Rip ?

ISCHABOD

Que voulez-vous que je vous dise... Quand on a une volonté ferme et que l'on est assez malin pour vivre longtemps, on a des chances pour arriver à bien des choses. (*Appelant.*) Holà ! Kate, ma petite Kate, venez un peu ici, ma femme.

Entre Kate.

SCÈNE IV

LES MÊMES, KATE, PUIS LES ENFANTS

KATE

Me voici... qu'y-a-t-il ?

ISCHABOD

Viens vite, nous sommes invités à la noce.

KATE

Et les enfants ?

ISCHABOD

Les enfants aussi.

KATE

All right !... Ohé ! les enfants, venez vite, les grands et les petits... Venez tous.

LES ENFANTS *entrent.*

Voilà, maman ; voilà, maman !

Ils se précipitent. — Ils sont de toutes les tailles, depuis 2 ans. — Ils sont 18.

KATE

Un instant ! Procédons d'abord à l'appel, numérotez-vous.

Les enfants se comptent de 1 à 18.

ISCHABOD

Il en manque deux.

TOUS, *appelant.*

Oui, oui.

ISCHABOD

Et Goliath ? et Hanna ?

TOUS

Goliath !

HANNA

Voilà, p'tit père !

Goliath très petit, entre, conduit par sa sœur Hanna qui est très grande. Ischabod s'approche pour le moucher, mais il est trop petit, et Hanna le prend d'une main le tenant sur son bras comme un petit enfant ; il le mouche et Hanna le replace à terre.

ISCHABOD

Premier prix de croissance !...

KATE

Très bien ! Ils sont gentils tout de même !

ISCHABOD

Le fruit de vingt ans d'efforts... Ran !

JEAN

Compliments, mon beau-frère, vous n'avez pas perdu de temps.

KATE

Attention, marmaille !

LES ENFANTS

Voilà, maman !

KATE

L'ensemble est bon ! avancez donc la poitrine, surtout les demoiselles... C'est bon maintenant... Et écoutez-moi. Nous allons dîner en ville, mes enfants... en cette mémorable circonstance, je ne crois pas inutile de vous donner quelques conseils sur la façon de vous tenir en société...

Un' bonn' foi pour tout's apprenez
Qu'on n' met pas ses coud's sur la table,
Qu'on n' fourr' pas ses doigts dans son nez
Sous peine d'être insupportable.
Et s'il en était autrement !...

LES ENFANTS

Oui, maman, maman, maman !

KATE

Ménagez-vous sur les plats doux,
N'avalez pas vos p'tit's cuillères,
Sinon j' vous flanqu' le fouet à tous
Pour vous apprendr' les belles manières.
Mais s'il en était autrement...

LES ENFANTS

Oui, maman, maman, maman !

KATE À ISCHABOD

Et maintenant, emmène les grands... je vais faire un bout de toilette, et tout à l'heure j'irai te rejoindre avec les petits.

ISCHABOB

En avant les grands, suivez votre bon père... au pas gymnastique, là, en avant.

Ils sortent.

KATE

Et toi, mon frère, est-ce que l'on ne te verra pas à cette fête ?

JEAN

Si fait, j'irai y faire un tour.

KATE, *sortant.*

Venez avec moi, les petits.

Ils sortent.

JEAN

En attendant, il faut que je reste ici pour recevoir ceux que Derrick aura oublié d'inviter et qui auront envie de boire pour se consoler de ce malheur.

Entrent Lowena et Jack.

SCÈNE V

JEAN, JACK, LOWENA

JACK

Monsieur l'aubergiste...

JEAN

Qu'y a-t-il pour votre service, les amoureux ?

LOWENA

Maman vous demande d'envoyer chez elle cent bouteilles de bière et cinquante de brandy.

JEAN

Tout de suite, les amoureux, je vais expédier cela tout de suite... Voilà une commande! (Il rentre chez lui en criant.) Cent bouteilles bière, cinquante brandy !

JACK

Remarquez-vous, Lowena, tout le monde nous appelle les amoureux...

LOWENA

C'est qu'il suffit de nous regarder pour voir que nous nous aimons.

JACK

Le fait est que moi, je vous aime de tout mon cœur. Nous pouvons nous aimer à notre aise, maintenant... Tout le monde y consent, nous n'avons plus rien à craindre. Et c'est un malheur peut-être.

LOWENA

Comment cela ?

JACK

J'ai entendu dire qu'il n'y a pas de mal à ce que l'amour soit tenu en éveil par quelques difficultés et que lorsqu'il ne rencontre plus d'obstacles, il risque de languir et de s'éteindre.

LOWENA

Oh ! que dites-vous là ?

I

Oh ! non, pour les amours
Il n'est que les beaux jours,
Car le bonheur timide
Fuit d'une aile rapide ;
Un seul mot le fait trembler,
Parfois s'envoler;
Par la tendresse extrême
Il faut le rassurer.
Il faut trembler lorsque l'on aime!
Crois-en comme autrefois
Le cœur fidèle
Qui se rappelle;
Il parle par ma voix
Comme autrefois.

II

Il faut le préserver,
Et non pas l'éprouver,
Cet amour que l'enfance
Nous préparait d'avance.
Un péril, un danger
Pourrait le changer.
Mais non, le ciel lui-même
Saura nous protéger.
Il nous sourit lorsque l'on s'aime.
Crois-en comme autrefois,
Etc., etc.

JEAN, entrant.

On va porter chez vous tout ce que vous avez commandé.

JACK

Qu'avons-nous à faire, maintenant ?

LOWENA

Nous avons à aller commander les illuminations pour le bal que l'on donne après le repas !

JACK

Y allons-nous ?

LOWENA

Venez, Jack !

Ils sortent.

SCÈNE VI

JEAN, puis RIP

JEAN

Ils sont gentils, tout à fait gentils, et ça fera un joli mariage. On m'y verra, à celui-là, et j'y danserai volontiers de meilleur cœur que je n'aurais dansé au mariage des vieux... En attendant, je me demande pourquoi je reste ici et pourquoi je ne vais pas tout de suite les retrouver, les vieux. Il ne vient personne... (Rip paraît sur le pont.) Ah ! si, voilà un client. Hum ! il ne paye pas de mine le client.

RIP descend du pont, cherchant dans ses souvenirs. Il regarde à droite et à gauche.

Voyons, c'est bien ici pourtant ! c'est à croire que je rêve encore... Mais non, voilà bien le puits !... Voilà l'auberge, mais il y a quelque chose de changé depuis hier.

JEAN

Qu'est-ce qu'il marmotte ?

RIP

Ah ! voici quelqu'un ! bonjour l'ami. (Apercevant Jean.) Tiens, vous voilà, vous !

JEAN

Apparemment, me voilà.

RIP

Si vous n'aviez pas été là, c'est tout au plus si j'aurais reconnu la taverne, vous y avez fait faire des changements depuis hier.

JEAN, *étonné.*

Depuis hier?

RIP, *riant.*

Et vous-même, quel drôle d'habit vous avez ce matin.

JEAN

Il a tort d'être difficile pour la toilette des autres.

RIP

Que de changements! Les murs de la maison, les habits du maître... et vous n'êtes plus chauve, Dieu me pardonne, vous vous êtes décidé à porter perruque?

JEAN

Porter perruque!... vous vous trompez, brave homme, ce sont bien mes cheveux.

RIP

Allons donc!

Il lui tire les cheveux.

JEAN, *furieux.*

Ah! mais, ne recommencez pas, vous savez, ne recommencez pas, ou sinon!...

RIP

Ne faites donc pas le méchant, on sait bien que vous n'aimez pas la bataille.

JEAN, se calmant.

Tiens! il me connait.

RIP

C'est vrai pourtant que ce sont ses cheveux... ce sont les mêmes traits aussi... et cependant, en regardant bien... Est-ce que vous ne seriez pas Nick Wedder?

JEAN

Non! je suis son fils.

RIP

Ah! le gaillard! il a un fils comme ça et il ne nous en avait rien dit. Vous ressemblez à votre père tout de même! Je ne dis pas que vous ayez raison de lui ressembler, mais vous lui ressemblez!

JEAN

Et vous! qui êtes-vous?

RIP

Moi, je suis Rip.

JEAN

Qui avez-vous dit que vous étiez? Répétez-le un peu?

RIP

J'ai dit que j'étais Rip, un vieil ami de votre père.

JEAN

Ah! bien, elle est bonne, celle-là!

RIP

Il est gai.

JEAN

Je l'ai connu, Rip, quand j'étais enfant et que papa me donnait des leçons de clarinette, et je sais qu'il est mort depuis vingt ans.

RIP

Vraiment, il est mort ?

JEAN

Eh ! oui.

RIP, *à part.*

Il est très gai. (*A Jean.*) La plaisanterie est bonne, mon ami, mais elle serait meilleure encore si elle était arrosée. Faites moi donc l'amitié de m'apporter un bon verre de bière.

JEAN

Un verre de bière ?

RIP

Oui, je sais bien que j'ai promis à ma femme. Mais c'est pour cette fois seulement.

JEAN

Vous avez de l'argent ?

RIP

De l'argent ?

JEAN

Eh ! oui, de l'argent.

RIP

Si je n'en ai pas, vous en serez quitte pour ajouter une marque.

JEAN

Comment, une marque ?

RIP

Eh ! oui, une marque sur le volet.

JEAN, haussant les épaules.

Il croit que nous en sommes encore là... il est bête... Je m'en vas aller retrouver les vieux. Je leur raconterai qu'il y a ici un homme qui prétend être Rip, ça les amusera... Bonsoir l'ami.

Il sort.

SCÈNE VII

RIP, puis KATE

RIP

Bonsoir l'ami... il est familier... et il s'en va sans me faire servir le verre de bière que je lui ai demandé.

KATE, entrant.

Voilà une toilette avec laquelle j'espère que je ferai honneur à mon mari.

RIP

Enfin, voilà donc une figure de connaissance ! Bonjour, mademoiselle Kate.

KATE, étonnée.

Mademoiselle ?

RIP

Est-ce que ce n'est pas votre nom ?

KATE

C'est mon nom de jeune fille ; on m'appelle maintenant Mme Ischabod.

RIP

Ah ! votre père a consenti..., j'en suis bien aise.

KATE

Qu'est-ce qu'il dit ?

RIP

Et vous vous êtes mariée ce matin ?

KATE

Ce matin ?

RIP

Je regrette de ne pas avoir été là.

LES PETITS ENFANTS, accourant.

Vite, vite, maman, maman, maman !

RIP

Qu'est-ce que c'est que ça ?

KATE

Ce sont mes enfants, donc.

RIP

Vos enfants ! Vous vous êtes mariée ce matin et déjà... je deviens fou.

KATE

Entre nous, mon brave homme, la chose me paraît faite depuis quelque temps. Allons, marmaille, en avant, et n'oubliez-pas les conseils que je vous ai donnés... ne buvez pas trop de brandy, laissez cela aux grandes personnes... et ne vous fourrez pas les doigts dans le nez. (A Rip.) Bonsoir, mon brave homme.

LES ENFANTS

Bonsoir, mon brave homme!

Elle sort avec ses enfants.

SCÈNE VIII

RIP, *seul.*

Qu'est-ce que tout cela veut dire? Est-ce que je continue de rêver... Il n'y a plus de fantômes maintenant, ni plus de nain qui me force à porter un baril... Mais à cela près, tout ce que j'entends, tout ce que je vois continue d'être invraisemblable... Je dors évidemment, je dors et je rêve toujours... Oui, je rêve... je rêve!

NELLY, *hors de scène.*

Où est-il, ce misérable?

SCÈNE IX

NELLY, RIP

NELLY, *entrant.*

Où est-il, ce misérable qui ose dire qu'il est Rip?

RIP

Il est... ici. Ce misérable, c'est moi...

NELLY

Vous ?...

RIP

Oui, moi.

NELLY

Laissez-moi rire. Vous osez soutenir devant moi... devant moi ?....

RIP

Pourquoi est-ce plus grave de le soutenir devant vous que devant une autre ?

NELLY

Parce que moi, je suis Nelly.

RIP

C'est vous, Nelly ?

NELLY

Oui, c'est moi, Nelly, l'ancienne femme de Rip.

RIP

Laissez-moi me tordre. J'en ai connu des femmes qui avaient du toupet... mais qui en avaient autant que vous, non ! Vous êtes la première.

NELLY

Insolent !

RIP

Vieille folle !

DUO

ENSEMBLE

RIP

Mais r'gardez-la donc
Avec sa figure,
Avec sa tournure,
Elle aurait l'aplomb
De soutenir qu'elle est Nelly !
As-tu fini ?

NELLY

Mais r'gardez-le donc
Avec sa figure,
Avec sa tournure,
Il aurait l'aplomb
De dire qu'il est mon mari !
As-tu fini ?

NELLY

Je vous dirai, pour vous confondre,
Ce qu'était Rip, mon mari.

RIP

Et je puis, moi, pour vous répondre,
Vous dire ce qu'était Nelly.

NELLY

Vous Rip ? Vous osez me le dire !
Mais Rip était un beau garçon,
Sa bouche n'était qu'un sourire,
Qu'un baiser et qu'une chanson !
Tandis que vous, convenez-en,
Vous n'avez rien de séduisant,
Vous êtes vieux, vous êtes laid
Et contrefait !

RIP

Nelly, vous ? Pécore impudente !
Mais je vois encor ses doux yeux,
Sa bouche, sa taille élégante
Et ses cheveux blonds et soyeux !
Tandis que vous, convenez-en,
Vous n'avez rien de séduisant,
Vous avez pris trop de printemps
En cinquante ans !

REPRISE DE L'ENSEMBLE

Mais r'gardez-la donc
Etc., etc.

NELLY, *furieuse.*

Vous aurez de mes nouvelles, si je vous retrouve ici... Vous aurez de mes nouvelles!

Elle sort.

SCÈNE X

RIP, puis LOWENA et JACK

RIP

La vieille folle!... Me dire que je suis laid, que je suis contrefait, tandis qu'il est avéré, je ne dis pas cela par orgueil, mais enfin, il est avéré que je suis un des plus beaux hommes... J'étouffe de colère! Si au moins j'avais là le verre de bière que j'ai demandé, je le boirais, et cela me calmerait un peu... (*Regardant le puits.*) Bah! A défaut de bière, une gorgée d'eau... Ce sera bien la première fois que cela m'arrivera. (*Tirant de l'eau au puits.*) C'est singulier, je ne me sens pas plus de force qu'un enfant... C'est la colère!... (*En s'y reprenant à deux ou trois fois, il monte à la fin le seau et le pose sur la margelle du puits.*) Maintenant, buvons!... (*Il se penche sur le seau et recule épouvanté.*) Qu'est-ce que j'ai vu là?... Ce n'est pas moi, ce ne peut pas être moi, c'est un autre!... (*Regardant autour de lui.*) Mais non, il n'y a personne... (*Revenant au seau.*) C'est moi, c'est bien moi! Oh!... oh! Moi qui étais si fier de ma jeunesse, de ma force... Oh! oh! (*Il éclate en sanglots.*) Mais il est abominable, ce rêve!... Je serais vieux, j'aurais une vieille femme... oh!... (*Paraissent Lowena et Jack.*) Eh! non, la voilà, ma femme, toujours jeune, toujours jolie!... Elle n'est pas vieille et, moi non plus, je ne suis pas vieux.

JACK, à Lowena.

Le crois-tu que je t'adore ?

Il l'embrasse.

RIP

Hé là !... Voilà un drôle bien effronté, qui se permet d'embrasser ma femme sous mes yeux !

JACK

Votre femme ?

RIP

Sans doute, ma femme.

JACK

Il est fou, le malheureux !

RIP

Ose donc un peu dire que tu n'es pas ma femme, ose un peu dire que tu n'es pas Nelly !

LOWENA

Nelly ?

RIP

Oui !... Nelly !...

LOWENA

C'est le nom de ma mère... et vous, alors, qui êtes-vous ?

RIP, désespéré.

Ah ! je ne sais plus ! Je croyais être Rip... comme je croyais que vous vous appeliez Nelly.

LOWENA

Je m'appelle Lowena.

RIP

Mais Lowena, c'est le nom de ma petite fille qui a cinq ans... Mais vous, monsieur ?

JACK

Je m'appelle Jack Derrick.

RIP

Qu'est-ce que vous dites ?... Je le connais, Jack Derrick... Il est haut comme ça.

LOWENA

C'était il y a vingt ans, qu'il était haut comme ça.

RIP

Il y a vingt ans ! (Il regarde avec effroi sa barbe blanche.) Ah ! (Haut.) Ainsi, vous êtes le portrait vivant de Nelly... et vous vous nommez Lowena..?

LOWENA

Oui.

RIP

Mais si vous vous nommez Lowena, comment n'êtes-vous pas dans mes bras ?... Si vous êtes ma fille, comment ne reconnaissez-vous pas votre père ? Vous ne me croyez pas ?

LOWENA

Pauvre homme !

RIP

Et je ne trouverai pas le moyen de me faire reconnaître ! Lowena, ma fille !

TRIO

LOWENA

Mais non, je ne vous connais pas !

JACK

C'est clair ! il a perdu la tête.

RIP

Moi ?... non ! La fatigue appesantit mes pas,
Mon enfant, je le répète.

LOWENA

Moi, votre fille ? hélas, vous vous trompez !
Le temps ou les chagrins troublent votre mémoire !

A Jack.

Oui, Jack, un fou, je dois le croire.

RIP

Moi, fou ? Non ! non !

JACK

Il n'a plus sa raison !

JACK et LOWENA

Pourquoi le détromper ?
Si le songe est charmant, faut-il le dissiper ?

RIP

Tout m'étonne et je tremble.

A Lowena et Jack.

Voyons, rappelez-vous !

Il cherche.

Oui, oui, cet air sur mes genoux
Que vous disiez tous deux ensemble.

LOWENA

Sur vos genoux ? La folle histoire !

JACK

Laissons-le divaguer !

RIP, cherchant avec énergie.

Eh ! quoi, dans ma mémoire
Tout est donc mort !

JACK

Pauvre vieillard !
Il parle, il raisonne au hasard !

RIP, cherchant avec effort.

C'est, c'est... malgré moi...

Il cherche

LOWENA et JACK

Que dit-il là ?

RIP, même jeu.

C'est malgré moi.

LOWENA et JACK

Que dit-il là ?

RIP, avec joie.

C'est bien cela !

Chantant avec une grande émotion.

C'est malgré moi si j'ose,
O chers petits enfants,
Vous parlez d'autre chose
Que des beaux jours présents ;

Et pourtant ces jours même,
Ces jours-là sont bien courts.
Aimez-vous, quand on s'aime
On est jeune toujours !

LOWENA et JACK

Oui, nous nous aimerons toujours.

LOWENA, se rapprochant et le regardant dans les yeux.

Mon père !

JACK, même jeu.

C'est nous qui sommes fous, maintenant !

RIP, les serrant sur sa poitrine et les embrassant.

Mes enfants !

LOWENA

Attendez-nous là, mon père, je vais prévenir maman. Sera t-elle heureuse ! Venez, Jack, venez vite...

Elle sort avec Jack, très vite.

RIP

Il y a vingt ans, a-t-elle dit... Ah ! mon Dieu, est-ce que ce serait vrai, cette vengeance dont les esprits menaçaient celui qui oserait chercher le trésor... Est-ce que j'aurais dormi pendant vingt ans ?... C'est cela qui serait épouvantable ! Je ne veux... je ne veux pas !

On entend des cris. — Entrent en scène Derrick, Ischabod, Kate, es enfants, les chœurs ; les hommes ont des piques, des hallebardes, des bâtons et des fourches.

SCÈNE XI

DERRICK, RIP, ISCHABOD, KATE, LES ENFANTS,

LES CHOEURS.

DERRICK, entrant

Où donc est-il, le brigand
Qui prétend
S'appeler Rip?

RIP

C'est moi.

DERRICK

Toi, Rip?

RIP

Moi, Rip.

DERRICK

Cet homme
Est un coquin. Qu'il parte ou qu'on l'assomme!

LE CHŒUR

A grands coups de fourche, à coups de bâton
Nous chasserons le vagabond!

DERRICK, JEAN, ISCHABOD

Va-t-en, ou crains notre colère!

RIP

Je suis Rip votre ami, je suis Rip votre frère!

LES FEMMES

Sur l'échine du chenapan,
A coups de bâton, nous ferons pan, pan,

RIP

Au diable! Ils n'écoutent rien.
Je crois que je ferais bien
De prendre au plus vite
La fuite.

Il se sauve.

TOUS, *le poursuivant.*

Bandit, nous n'écoutons rien,
Je crois que tu feras bien
De prendre au plus vite
La fuite.

RIDEAU

ACTE QUATRIÈME

SEPTIÈME TABLEAU

Le théâtre représente la vallée du deuxième acte, dans laquelle Rip s'est endormi. Le décor, sombre au deuxième acte, est éclairé par le plein soleil ; de tous côtés des plaines vertes, des taillis, des arbres fleuris ; à droite, cachée derrière des lianes, la grotte où Rip est entré pour dormir.

SCÈNE PREMIÈRE

PAYSANS, PAYSANNES, BUCHERONS, BUCHERONNES, SOLDATS,

Ballet.

On danse pour célébrer la fête de Georges III ; sur des tables improvisées ornées de branchages, de feuillages, on boit à la santé du roi ; jeux américains, etc.

SCÈNE II

NELLY, JACINTHE, KATE, DERRICK, ISCHABOD, NICK WEDDER, LOWENA, JACK, à l'âge qu'ils avaient au premier acte.

NICK, entrant, à Nelly.

Ne vous désolez pas ainsi, madame Rip, votre mari n'est pas perdu, vous le retrouverez...

NELLY

Pardonnez-moi d'attrister votre joie... Vous êtes gai, vous, monsieur Nick Wedder, vous allez épouser une personne que vous estimez...

JACINTHE et NICK

Ah !

NELLY

Vous aussi, monsieur Ischabod, Kate va devenir votre femme.

ISCHABOD

Comme je l'aime !

KATE

Embrassez-moi.

ISCHABOD

Plait-il ?

KATE

Embrassez-moi, maintenant que vous en avez le droit.

ISCHABOD

C'est juste...

Il embrasse Kate, Nick embrasse Jacinthe.

NELLY

Moi aussi, j'étais heureuse. J'avais un mari que j'adorais, et parce qu'il a plu à ce Derrick...

DERRICK

Eh là !...

NELLY

Parce qu'il vous a plu de lancer contre mon mari une accusation stupide, il a pris la fuite.

DERRICK

C'était mon droit. Il me gênait et j'étais le plus fort...

NELLY

Vous n'oseriez plus l'accuser, maintenant qu'il est riche, maintenant que le gouvernement a acheté sa maison...

DERRICK

Ça, c'est vrai, je ne ferais pas contre un homme calé ce que j'ai cru pouvoir faire contre un pauvre diable... Et puis quoi ? Rip s'est expatrié ! La belle affaire ! A la place du mari que vous avez perdu, je vous en offre un autre.

NELLY

Et lequel donc ?

DERRICK, se désignant.

Mais...

NELLY

Je vous défends de le dire... je vous le défends.

DERRICK

Cependant...

ISCHABOD

Ne le dites pas...

JACINTHE

A votre place, je ne le dirais pas.

NELLY

Et savez-vous ce dont j'ai peur?... Je ne crois pas, moi, que Rip se soit expatrié, je crains qu'il ne se soit tout simplement endormi dans cette montagne et qu'alors les fantômes, les fameux fantômes ne l'aient condamné à dormir pendant vingt ans.

Marques d'incrédulité données par tous les personnages : Oh ! oh

ISCHABOD

Oh ! non, dans un siècle de lumière, les fantômes ne se permettraient pas...

KATE

En tout cas, c'est bien simple. Vous croyez qu'il s'est endormi ici ?

NELLY

Oui.

JACINTHE

Il n'y a qu'à le réveiller. (*Au chœur.*) N'est-ce pas, mes amis ?

NICK

Appelons-le, crions, faisons du tapage. Ohé, Rip !

QUINTETTE AVEC CHŒUR

Ohé, Rip !
Assez dormir, mon homme,
Il faut finir ton somme...
Ohé, Rip !
Trop dormir est malsain,
Crois-en le médecin...
Ohé, Rip !
Puis, si tu ne te lèves,
Gare les mauvais rêves...
Ohé, Rip !
Tu dors sous les grands bois,
Prends garde, entends nos voix.
Ohé, Rip !

Les [illegible] *qui cachaient Rip s'écartent, on l'aperçoit, encore agité par le sommeil, prononçant des paroles incohérentes.*

SCÈNE III

LES MÊMES, RIP.

RIP

Ils m'ont rattrapé! Je suis pris!... (Il veut se sauver, on lui barre le chemin). Je ne résiste pas, je vous en prie, ne maltraitez pas un vieillard!

NELLY

Un vieillard ?

DERRICK

Qu'est-ce qu'il dit?

RIP, à Nelly.

Ah! voici Lowena, ma fille... Tu me protégeras, n'est-ce pas ma fille, tu leur diras qu'il ne faut pas me faire du mal...

NELLY

Mais je ne suis pas ta fille...

RIP

Comment, tu n'es pas...

NELLY

Je suis Nelly... je suis ta femme.

RIP

Chut! Je l'ai vue, ma femme. Il vaut mieux ne pas en parler.

NELLY

Hélas! les fantômes lui ont fait perdre la raison...

RIP, à Kate.

Vous n'avez pas amené vos enfants ?

KATE

Mes enfants ?...

RIP

Ceux que j'ai vus il y a une heure... Ils étaient bien quatre ou cinq...

ISCHABOD, à Kate.

Ce n'est pas vrai, au moins ?

KATE

Mais non, pas encore...

ISCHABOD

Comme je l'aime !...

NICK

Quel malheur ! ce pauvre Rip est devenu fou !...

DERRICK

Il est fou, il faut l'enfermer.

On entoure Rip.

RIP, effrayé.

Ma fille... messieurs, ayez pitié d'un pauvre vieux !...

NELLY

Mais je ne suis pas ta fille... Reviens à toi ! Voyons... Je ne suis pas ta fille et tu n'es pas un vieillard.

RIP

Je ne suis pas un vieillard ?

NELLY

Eh ! non...

RIP

En effet, quand je marche, quand je remue, je ne sens plus aucune lassitude... plus de barbe blanche ! J'ai rêvé alors, et je ne rêve plus... ah ! si vous saviez ! Avoir cru que l'on n'était plus jeune et s'apercevoir qu'on l'est encore... Oh ! tu es bien sûre que je suis jeune ?...

NELLY

Tu es jeune et tu es riche...

RIP

Riche ?...

NELLY

Oui, je te raconterai...

RIP

Riche, ça m'est égal, mais jeune !.. Il n'y a qu'un bonheur, voyez-vous, c'est d'être jeune ; il n'y a qu'un malheur, c'est d'avoir cessé de l'être... Ah ! la jeunesse, la jeunesse !...

O jeunesse !
Nature enchanteresse,
Amis, plaines, grands bois,
Dans ma nouvelle ivresse
Je crois que je vous vois
Pour la première fois !
Sois bénie, ô jeunesse, ô divine jeunesse !

Sous le poids de la vieillesse
J'ai traîné des pas tremblants,
Sur mon front plein de tristesse,
Moi, j'avais des cheveux blancs !
Mais enfin tu me reviens
O premier de tous les biens,

Trésor sans prix qu'on ignore
Tant qu'on le possède encore !
O jeunesse !
Nature enchanteresse !
Etc., etc.

DERRICK

A la bonne heure, nous voilà riches, vous voilà sensé... ou à peu près... Nos enfants se marieront...

RIP

Oh ! oh ! Nelly, notre fortune est donc considérable ?

NELLY

Mais oui, assez...

RIP

C'est donc ça...

DERRICK

Mon vieux Rip...

RIP

Ah ! bien non... même pour plaisanter, ne m'appelez pas mon vieux..

DERRICK

Mon brave Rip.

RIP

A la bonne heure.

DERRICK

Dites-nous donc un peu les fantômes...

RIP

Les fantômes ?

NICK

Oui, les fantômes.

ISCHABOD

Racontez-nous donc un peu...

RIP, au public.

Chut ! ne me demandez rien !... Je crois que je suis vivant, je crois que je suis heureux. Quand on est sage, il ne faut pas trop approfondir ces choses-là ! car le bonheur, voyez-vous...

C'est un rien, un souffle, un rien,
Un doux souvenir, une ombre légère,
C'est un rien,
Un souffle, un rien,
Une main d'enfant qu'on tient dans sa main !

ENSEMBLE

C'est un rien, un souffle, un rien,
etc., etc.

RIDEAU

Paris. — Imprimerie PAUL DUPONT, 4, rue du Bouloi (Cl.). — 700.11.94.

www.ingramcontent.com/pod-product-compliance
Ingram Content Group UK Ltd.
Pitfield, Milton Keynes, MK11 3LW, UK
UKHW031916260826
14628UKWH00003B/1222

9 782019 138493